# 담마빠다
**Dhammapada**

## 이중표

전남대학교 철학과를 졸업한 뒤 동국대학교 대학원에서
불교학 석·박사 학위를 취득했다. 이후 전남대학교 철학과 교수로 재직했으며,
정년 후 동 대학교 철학과 명예교수로 위촉됐다. 호남불교문화연구소 소장,
범한철학회 회장, 불교학연구회 회장을 역임했으며,
현재 불교 신행 단체인 '붓다나라'를 설립하여 포교와 교육에 힘쓰고 있다.
저서로는 『정선 디가 니까야』, 『정선 맛지마 니까야』, 『정선 쌍윳따 니까야』,
『정선 앙굿따라 니까야』, 『담마빠다』, 『숫따니빠따』, 『붓다의 철학』,
『니까야로 읽는 금강경』, 『니까야로 읽는 반야심경』, 『불교란 무엇인가』,
『붓다가 깨달은 연기법』, 『근본불교』, 『현대와 불교사상』 외 여러 책이 있으며,
역서로 『붓다의 연기법과 인공지능』, 『불교와 양자역학』 등이 있다.

**일러두기**

1 빠알리어 원문은 로마나이즈한 PTS본이다.
2 한글 번역과 함께 대조하고 낭송할 수 있도록 빠알리어 원문을 함께 실었으며,
한역(漢譯)《법구경(法句經)》의 한문 번역도 함께 실었다.
3 각 품의 제목은 빠알리어 발음을 음사(音寫)했으며, 빠알리어 제목과
한역《법구경》의 한문 제목을 병기했다.
4 이해를 돕기 위해서 약간의 각주를 달았다.

법구경
깨달음의 노래

# 담마빠다

**Dhammapada**

이중표 역주

धम्मपद

불광출판사

## 머리말

『법구경(法句經)』이라는 이름으로 우리에게 잘 알려진 『담마빠다(Dhammapada)』는 5부 니까야 가운데 『쿳다까니까야(Khuddakanikāya)』에 들어 있는 가타(gāthā, 偈)로 이루어진 불경이다. '담마빠다'라는 경의 이름은 부처님의 가르침을 의미하는 'dhamma'와 '시구(詩句)'를 의미하는 'pada'의 합성어로서 1행이 8음절로 된 4행의 법구(法句)로 이루어졌기 때문에 붙여진 것이다.

『담마빠다』는 26개의 왁가(vagga, 品)로 구성되어 있으며, 그 속에 423개의 가타가 들어 있다. 역자는 그동안 니까야를 정선하여 번역했는데, 『담마빠다』는 원전 그대로 빠짐없이 완역하였다.

『담마빠다』는 이미 많은 분들에 의해 번역되었다. 그럼에도 불구하고 역자가 다시 번역하게 된 것은 이 경의 의미를 좀 더 분명하게 드러내어 세상에 전하고자 하는 마음에서다. 『담마빠다』는 8음절로 이루어진 운문 형식이기 때문에 음절을 맞추기 위해서 순서를 바꾸어 단어를 배치하거나 생략하는 경우가 많다. 그래서 기존의 번역에는 종종 의미가 모호하거나 왜곡된 부분이 있었다. 역자는 이 번역에서 원전의 의미를 손상하지 않고 명쾌한 의미를 드러내려고 노력했다.

『담마빠다』는 낭송하기 좋은 8음절의 정형구로 이루어져 있기 때문에 빠알리어로 소리 내어 읽으면 자연스럽게 노래가 된다. 그런데 우리말로 번역하면 그 음절을 맞추기가 어렵다. 그렇지만 우리말로도 노래할 수 있도록 우리말 리듬을 생각하면서 번역하였다.

이 경을 번역함에 많은 분들의 도움과 노고가 있었다. 마음 편하게 번역에 전념할 수 있도록 모든 편의를 제공하시는 보해 임성우 회장님께 깊이 감사드린다. 원고를 꼼꼼히 살펴서 교정해 주신 담연, 보령, 명인, 그리고 조근영 법우님께 감사드린다. 책의 출판을 위해 항상 정성을 다하는 불광출판사 편집부 여러분께도 감사드린다. 특히 이번에 이름을 밝히지 않고 초판 1,000부를 법보시하도록 성금을 보내주신 법우님들께 깊은 감사와 함께 축원을 드린다.

불경을 쉽게 접하기 어려운 현실에서 『담마빠다』는 누구나 쉽게 접할 수 있는 불경이라고 생각한다. 이 번역이 불교를 공부하고자 하는 많은 분들에게 도움이 되기를 기원한다.

2023년 5월 17일
붓다나라 장주선실에서
이중표 합장

## 차례

# 1

## 야마까-왁가
## Yamaka-vagga

# 쌍요품

雙
要
品

## *Dh. 001.*

마음이 모든 일의 근본이다.
마음이 주가 되어 마음이 만든다.
사악한 마음으로 말하거나 행동하면
그로 인해 괴로움이 그를 따른다.
발걸음을 따르는 수레의 바퀴처럼.

manopubbaṅgamā dhammā, manoseṭṭhā manomayā |
manasā ce paduṭṭhena, bhāsati vā karoti vā |
tato naṁ dukkhamanveti, cakkaṁva vahato padaṁ ||

心爲法本 心尊心使 中心念惡 卽言卽行 罪苦自追 車轢于轍

## *Dh. 002.*

마음이 모든 일의 근본이다.
마음이 주가 되어 마음이 만든다.
청정한 마음으로 말하거나 행동하면
그로 인해 즐거움이 그를 따른다.
형체를 따르는 그림자처럼.

manopubbaṅgamā dhammā, manoseṭṭhā manomayā |
manasā ce pasannena, bhāsati vā karoti vā |
tato naṁ sukhamanveti, chāyāva anapāyinī ||

心爲法本 心尊心使 中心念善 卽言卽行 福樂自追 如影隨形

## *Dh. 003.*

그는 나를 모욕했다. 그는 나를 때렸다.
그는 나를 이겼다. 내 것을 빼앗았다.
그것에 원한을 품고 있으면
그들에게 원망은 가라앉지 않는다.

akkocchi maṁ avadhi maṁ, ajini maṁ ahāsi me |
ye ca taṁ upanayhanti, veraṁ tesaṁ na sammati ||

人若罵我 勝我不勝 快意從者 怨終不息

## *Dh. 004.*

그는 나를 모욕했다. 그는 나를 때렸다.
그는 나를 이겼다. 내 것을 빼앗았다.
그것에 원한을 품지 않아야
그들에게 원망이 가라앉는다.

akkocchi maṁ avadhi maṁ, ajini maṁ ahāsi me |
ye ca taṁ nupanayhanti, veraṁ tesūpasammati ||

人若致毀罵 役勝我不勝 快樂從意者 怨終得休息

## *Dh. 005.*

원망은 원망에 의해서
결코 가라앉지 않는다.
원망은 버려야 가라앉는다.
이것이 만고(萬古)의 진리다.

na hi verena verāni, sammantīdha kudācanaṁ |
averena ca sammanti, esa dhammo sanantano ||

不可怨以怨 終以得休息 行忍得息怨 此名如來法

## *Dh. 006.*

다른 사람들은 알지 못한다.
우리는 지금 죽어간다는 것을.
그런데 그것을 아는 사람은
모든 다툼을 그치게 된다.

pare ca na vijānanti, mayamettha yamāmase |
ye ca tattha vijānanti, tato sammanti medhagā ||

不好責彼 務自省身 如有知此 永滅無患

## *Dh. 007*

부귀영화(富貴榮華)를 바라고 살면서◆
지각 활동을 지켜보지 않고◆◆
음식의 적절한 양 알지 못하고
게을러서 정진하지 않으면
마라(Māra)◆◆◆가 그를 정복한다.
바람이 약한 나무 쓰러뜨리듯.

subhānupassiṁ viharantaṁ, indriyesu asaṁvutaṁ |
bhojanamhi cāmattaññuṁ, kusītaṁ hīnavīriyaṁ |
taṁ ve pasahati māro, vāto rukkhaṁva dubbalaṁ ||

行見身淨 不攝諸根 飮食不節 慢墮怯弱 爲邪所制 如風靡草

◆ 'subhānupassiṁ viharantaṁ'의 번역. 원뜻은 '좋은 것을 바라고 살면서'이다.
◆◆ 'indriyesu asaṁvutaṁ'의 번역.
◆◆◆ 죽음의 신.

## *Dh. 008.*

부귀영화 바라지 않고 살면서
지각 활동을 잘 지켜보고
음식의 적절한 양을 알고
신념을 가지고 열심히 정진하면
마라는 그를 정복하지 못한다.
바람이 산과 바위 어찌하지 못하듯.

asubhānupassiṁ viharantaṁ, indriyesu susaṁvutaṁ |
bhojanamhi ca mattaññuṁ, saddhaṁ āraddhavīriyaṁ |
taṁ ve nappasahati māso, vāto selaṁva pabbataṁ ||

觀身不淨 能攝諸根 食知節度 常樂精進 不爲邪動 如風大山

## *Dh. 009.*

오염에 뒤덮인 더러운 사람이
설령 가사(袈裟)를 입고 있다 할지라도
진실하지 않고 자제하지 않는다면
그는 가사 입을 자격이 없다.

anikkasāvo kāsāvaṁ, yo vatthaṁ paridahissati |
apeto damasaccena, na so kāsāvamarahati ||

不吐毒態 欲心馳騁 未能自調 不應法衣

## *Dh. 010.*

온갖 더러움을 토해버린 사람이
계율을 지키면서 마음 모으고
진실하고 잘 자제하면
그는 가사 입을 자격이 있다.

yo ca vantakasāvassa, sīlesu susamāhito |
upeto damasaccena, sa ve kāsāvamarahati ||

能吐毒態 戒意安靜 降心已調 此應法衣

## *Dh. 011.*

거짓을 진실이라고 여기는 사람들
진실을 거짓이라고 여기는 사람들
그릇된 생각의 영역(領域)에 있기에
그들은 진실에 도달하지 못한다.

asāre sāramatino, sāre cāsāradassino |
te sāraṁ nādhigacchanti, micchāsaṅkappagocarā ||

以眞爲僞 以僞爲眞 是爲邪計 不得眞利

## *Dh. 012.*

진실을 진실이라고 아는 사람들
거짓을 거짓이라고 아는 사람들
바른 생각의 영역에 있기에
그들은 진실에 도달하게 된다.

sārañca sārato ñatvā, asārañca asārato |
te sāraṁ adhigacchanti, sammāsaṅkappagocarā ||

知眞爲眞 見僞知僞 是爲正計 必得眞利

## *Dh. 013.*

지붕 잘못 덮인 집에
빗물 쉽게 새어 들듯
수련되지 않은 마음
탐욕 쉽게 새어 든다.

yathā agāraṁ ducchannaṁ, vuṭṭhī samativijjhati |
evaṁ abhāvitaṁ cittaṁ, rāgo samativijjhati ||

蓋屋不密 天雨則漏 意不惟行 淫泆爲穿

## *Dh. 014.*

지붕 잘 덮인 집에
빗물 새어 들지 않듯
잘 수련된 마음
탐욕 새어 들지 못한다.

yathā agāraṁ suchannaṁ, vuṭṭhī na samativijjhati |
evaṁ subhāvitaṁ cittaṁ, rāgo na samativijjhati ||

蓋屋善密 雨則不漏 攝意惟行 淫泆不生

*Dh. 015.*

이 세상도 걱정이고 저세상도 걱정이다.
죄를 지은 사람은 두 세상 다 걱정이다.
자신이 지은 더러운 업(業)을 보며
그는 걱정하고 괴로워한다.

idha socati pecca socati, pāpakārī ubhayattha socati |
so socati so vihaññati, disvā kammakiliṭṭhamattano ||

造憂後憂 行惡兩憂 彼憂惟懼 見罪心懅

## *Dh. 016.*

이 세상도 기쁨이고 저세상도 기쁨이다.
복을 지은 사람은 두 세상 다 기쁨이다.
자신이 지은 청정한 업을 보며
그는 기뻐하고 행복해한다.

idha modati pecca modati, katapuñño ubhayattha modati |
so modati so pamodati, disvā kammavisuddhimattano ||

造喜後喜 行善兩喜 彼喜惟歡 見福心安

## *Dh. 017.*

이 세상도 괴롭고 저세상도 괴롭다.
죄를 지은 사람은 두 세상 다 괴롭다.
자신이 죄를 지었으니 괴롭고
험한 세상[惡趣]♦ 가게 되니 더욱 괴롭다.

idha tappati pecca tappati, pāpakārī ubhayattha tappati |
"pāpaṁ me katan"ti tappati, bhiyyo tappati duggatiṁ gato ||

今悔後悔 爲惡兩悔 厥爲自殃 受罪熱惱

♦ 'duggatiṁ'의 번역.

## *Dh. 018.*

이 세상도 행복하고 저세상도 행복하다.
복을 지은 사람은 두 세상 다 행복하다.
자신이 복을 지었으니 행복하고
좋은 세상[善趣]♦ 가게 되니 더욱 행복하다.

idha nandati pecca nandati,
katapuñño ubhayattha nandati |
"puññaṁ me katan"ti nandati,
bhiyyo nandati suggatiṁ gato ||

今歡後歡 爲善兩歡 厥爲自祐 受福悅豫

♦ 'suggatiṁ'의 번역.

## *Dh. 019.*

많은 경(經)을 읽고도
게을러서 실천하지 않으면
남의 소를 세는 목동처럼
수행자가 얻게 될 이득은 없다.

bahumpi ce saṁhitaṁ bhāsamāno,
na takkaro hoti naro pamatto |
gopova gāvo gaṇayaṁ paresaṁ,
na bhāgavā sāmaññassa hoti ||

雖誦習多義 放逸不從正 如牧數他牛 難獲沙門果

## *Dh. 020.*

적은 경을 읽고도 여법하게
가르침을 실천하는 사람은
탐욕과 분노와 어리석음 버리고
바르게 통찰하고 마음이 잘 해탈하여
이 세상도 저세상도 집착하지 않으리니
그것이 수행자가 얻게 되는 이득이다.

appampi ce saṁhitaṁ bhāsamāno,
dhammassa hoti anudhammacārī |
rāgañca dosañca pahāya mohaṁ,
sammappajāno suvimuttacitto |
anupādiyāno idha vā huraṁ vā,
sa bhāgavā sāmaññassa hoti ||

時言少求 行道如法 除婬怒癡 覺正意解 見對不起 是佛弟子

# 2

압빠마나-왁가

Appamaṇa-vagga

# 방일품

放
逸
品

## *Dh. 021.*

방일(放逸)하지 않아야 죽음이 없다.
방일은 죽음으로 가는 길이다.
방일하지 않는 사람 죽지 않는다.
방일하는 자는 죽은 자와 다름없다.

appamādo amatapadaṁ, pamādo maccuno padaṁ |
appamattā na mīyanti, ye pamattā yathā matā ||

戒爲甘露道 放逸爲死徑 不貪則不死 失道爲自喪

## *Dh. 022.*

이와 같음을 분명하게 알고
현자들은 방일하지 않는다.
방일하지 않으면서 기뻐하고
성인의 경지에서 즐긴다.

evaṁ visesato ñatvā, appamādamhi paṇḍitā |
appamāde pamodanti, ariyānaṁ gocare ratā ||

慧智守道勝 終不爲放逸 不貪致歡喜 從是得道樂

*Dh. 023.*

열심히 선정(禪定)을 닦으면서
항상 용맹정진(勇猛精進)하는
현자들은 더없이 행복하고
안온한 열반에 도달한다.

te jhāyino sātatikā, niccaṁ daḷhaparakkamā |
phusanti dhīrā nibbānaṁ, yogakkhemaṁ anuttaraṁ ||

常當惟念道 自强守正行 健者得度世 吉祥無有上

## *Dh. 024.*

열심히 주의집중하고
청정한 행동을 신중하게 행하고
자제하면서 여법하게 살아가는
방일하지 않는 사람 명성(名聲) 날로 커간다.

uṭṭhānavato satīmato, sucikammassa nisammakārino |
saññatassa dhammajīvino, appamattassa yasobhivaḍḍhati ||

正念常興起 行淨惡易滅 自制以法壽 不犯善名增

## *Dh. 025.*

열심히 방일하지 않고
자제하고 제어하는 것으로
섬을 삼는 현자(賢者)는
거센 강물이 휩쓸지 못한다.

uṭṭhānenappamādena saṁyamena damena ca |
dīpaṁ kayirātha medhāvī, yaṁ ogho nābhikīrati ||

發行不放逸 約以自調心 慧能作定明 不返冥淵中

## *Dh. 026.*

무지하고 어리석은 사람들은
방일하며 헛되이 살아간다.
현명한 사람들은 방일하지 않음을
가장 소중한 보물처럼 지킨다.

pamādamanuyuñjanti, bālā dummedhino janā |
appamādañca medhāvī, dhanaṁ seṭṭhaṁva rakkhati ||

愚人意難解 貪亂好諍訟 上智常重愼 護斯爲寶尊

## *Dh. 027.*

방일하며 헛되이 살지 말라!
쾌락을 가까이 탐닉하지 말라!
방일하지 않고 선정을 닦으면
누구나 커다란 행복을 얻는다.

mā pamādamanuyuñjetha, mā kāmaratisanthavaṁ |
appamatto hi jhāyanto, pappoti vipulaṁ sukhaṁ ||

莫貪莫好諍 亦莫嗜欲樂 思心不放逸 可以獲大安

*Dh. 028.*

방일하지 않음으로써
현자는 방일을 몰아내고
근심에서 벗어나 지혜의 궁전에서
근심에 휩싸인 인간들을 내려다본다.
산 위에 선 현자가 땅에 서 있는
어리석은 자들을 바라보듯이.

pamādaṁ appamādena, yadā nudati paṇḍito |
paññāpāsādamāruyha, asoko sokiniṁ pajaṁ |
pabbataṭṭhova bhūmaṭṭhe, dhīro bāle avekkhati ||

放逸如自禁 能卻之爲賢 已昇智慧閣
去危爲卽安 明智觀於愚 譬如山與地

## *Dh. 029.*

방일한 자들 속에서 방일하지 않고
잠든 자들 속에서 깨어 있는 현자는
허약한 말을 내버려 두고
달려 나가는 준마(駿馬)와 같다.

appamatto pamattesu, suttesu bahujāgaro |
abalassaṁva sīghasso, hitvā yāti sumedhaso ||

不自放逸 從是多寤 羸馬比良 棄惡爲賢

## *Dh. 030.*

마가와(Maghavā)♦는 방일하지 않았기에
가장 높은 천신(天神)이 되었다.
방일하면 언제나 비난받지만
방일하지 않으면 칭찬받는다.

appamādena maghavā, devānaṁ seṭṭhataṁ gato |
appamādaṁ pasaṁsanti, pamādo garahito sadā ||

不殺而得稱 放逸致毀謗 不逸摩竭人 緣淨得生天

♦ 제석천(帝釋天)의 다른 이름.

## *Dh. 031.*

방일을 두려운 것으로 보고
전념하여 방일하지 않는 수행자는
불길이 모든 것을 태워버리듯
크고 작은 결박을 태워버린다.

appamādarato bhikkhu, pamāde bhayadassi vā |
saṁyojanaṁ aṇuṁ thūlaṁ, ḍahaṁ aggīva gacchati ||

比丘謹愼樂 放逸多憂愆 結使所纏裹 爲火燒已盡

## *Dh. 032.*

방일을 두려운 것으로 보고
전념하여 방일하지 않는 수행자는
실로 열반을 눈앞에 두고
허송세월(虛送歲月)할 수가 없다.♦

appamādarato bhikkhu, pamāde bhayadassi vā |
abhabbo parihānāya, nibbānasseva santike ||

守戒福致善 犯戒有懼心 能斷三界漏 此乃近泥洹

♦ 'abhabbo parihānāya'의 번역.

# 3

## 찟따-왁가

## Citta-vagga

# 심의품

## 心意品

## *Dh. 033.*

불안하고 흔들리는 마음은
안정시키고 억누르기 어렵다.
지혜로운 사람만이 바로잡을 수 있다.
활 만드는 사람 화살을 바로잡듯.

phandanaṁ capalaṁ cittaṁ, dūrakkhaṁ dunnivārayaṁ |
ujuṁ karoti medhāvī, usukārova tejanaṁ ||

心多爲輕躁 難持難調護 智者能自正 如匠搦箭直

## *Dh. 034.*

물 밖으로 내던져져
맨땅에 떨어진 물고기처럼
마라의 영역에서 벗어나기 위해
이 마음은 몸부림친다.

vārijova thale khitto, okamokata ubbhato |
pariphandatidaṁ cittaṁ, māradheyyaṁ pahātave ||

如魚在旱地 以離於深淵 心識極惶懼 魔衆而奔馳

## *Dh. 035.*

좋아하는 곳이면 가서 머물고
가벼워서 억누르기 어려운
마음을 길들이는 것이 유익하다.
길들인 마음은 행복을 가져온다.

dunniggahassa lahuno, yatthakāmanipātino |
cittassa damatho sādhu, cittaṁ dantaṁ sukhāvahaṁ ||

輕躁難持 唯欲是從 制意爲善 自調則寧

## *Dh. 036.*

좋아하는 곳이면 가서 머물고
미묘하여 보기 어려운
마음을 지켜보는 것이 현명하다.
잘 지킨 마음은 행복을 가져온다.

sududdasaṁ sunipuṇaṁ, yatthakāmanipātinaṁ |
cittaṁ rakkhetha medhāvī, cittaṁ guttaṁ sukhāvahaṁ ||

意微難見 隨欲而行 慧常自護 能守卽安

## *Dh. 037.*

아무리 먼 곳도 혼자서 가고◆
몸도 없이 가슴에 숨어 있는
마음을 제어하는 사람들은
마라의 결박에서 벗어난다.

dūraṅgamaṁ ekacaraṁ, asarīraṁ guhāsayaṁ |
ye cittaṁ saṁyamessanti, mokkhanti mārabandhanā ||

獨行遠逝 覆藏無形 損意近道 魔繫乃解

◆ 원뜻은 '멀리 가고 혼자 돌아다니는'이다.

## *Dh. 038.*

마음이 불안하고
바른 가르침을 모르고
믿음이 흔들리면
지혜는 완성되지 않는다.

anavaṭṭhitacittassa, saddhammaṁ avijānato |
pariplavapasādassa, paññā na paripūrati ||

心無住息 亦不知法 迷於世事 無有正智

*Dh. 039.*

마음에 번뇌가 없고
어떤 일에도 당황하지 않고
복(福)과 죄(罪)를 모두 버린
깨어 있는 사람에게 두려움은 없다.

anavassutacittassa, ananvāhatacetaso |
puññapāpapahīnassa, natthi jāgarato bhayaṁ ||

念無適止 不絶無邊 福能遏惡 覺者爲賢

## Dh. 040.

이 몸은 옹기그릇 같음을 알고
마음을 성채(城砦)처럼 굳게 세워서
반야(般若)의 칼을 들고 마라와 싸워
승리하고 집착 없이 지켜야 한다.

kumbhūpamaṁ kāyamimaṁ viditvā,
nagarūpamaṁ cittamidaṁ ṭhapetvā |
yodhetha māraṁ paññāvudhena,
jitañca rakkhe anivesano siyā ||

觀身如空瓶 安心如丘城 以慧與魔戰 守勝勿復失

*Dh. 041.*

이 몸은 실로 머지않아
의식이 사라진 채 버려져
쓸모없는 나무토막처럼
땅 위에 눕게 되리라.

aciraṁ vatayaṁ kāyo, pathaviṁ adhisessati |
chuddho apetaviññāṇo, niratthaṁva kaliṅgaraṁ ||

是身不久 還歸於地 神識已離 骨幹獨存

*Dh. 042.*

적이 적에게 하는 짓보다
원수가 원수에게 하는 짓보다
삿된 길을 향한 내 마음이
나에게 더 큰 해악을 준다.

diso disaṁ yaṁ taṁ kayirā, verī vā pana verinaṁ |
micchāpaṇihitaṁ cittaṁ, pāpiyo naṁ tato kare ||

心豫造處 往來無端 念多邪僻 自爲招惡

## Dh. 043.

부모가 할 수 있는 일이 아니다.
다른 친척들도 마찬가지다.
바른길을 향한 내 마음이
나에게 더 큰 행복을 준다.

na taṁ mātā pitā kayirā, aññe vāpi ca ñātakā |
sammāpaṇihitaṁ cittaṁ, seyyaso naṁ tato kare ||

是意自造 非父母爲 可勉向正 爲福勿回

# 4

뿝파-왁가

Puppha-vagga

# 화향품

華
香
品

## *Dh. 044.*

누가 이 땅과 야마(Yama)♦를 정복하고
천신을 포함한 세간을 정복할 수 있을까?
꽃 장수가 좋은 꽃을 꺾어서 보여주듯
누가 법구(法句)를 잘 보여줄 수 있을까?

ko imaṁ pathaviṁ vijessati,
yamalokañca imaṁ sadevakaṁ |
ko dhammapadaṁ sudesitaṁ,
kusalo pupphamiva pacessati ||

孰能擇地 捨鑑取天 誰說法句 如擇善華

♦ 사후(死後)의 세계를 의미함.

## *Dh. 045.*

공부하는 사람이 이 땅과 야마를 정복하고
천신을 포함한 세간을 정복할 수 있다.
꽃 장수가 좋은 꽃을 꺾어서 보여주듯
공부하는 사람이 법구를 잘 보여줄 수 있다.

sekho pathaviṁ vicessati,
yamalokañca imaṁ sadevakaṁ |
sekho dhammapadaṁ sudesitaṁ,
kusalo pupphamiva pacessati ||

學者擇地 捨鑑取天 善說法句 能採德華

## *Dh. 046.*

몸의 형색[色]은 물거품 같음을 알고
(죽음은) 신기루라는 것을 깨달은 사람은
마라의 화살 앞에 달린 꽃을 꺾고♦
죽음의 왕이 볼 수 없는 곳에 간다.

pheṇūpamaṁ kāyamimaṁ viditvā,
marīcidhammaṁ abhisambudhāno |
chetvāna mārassa papupphakāni,
adassanaṁ maccurājassa gacche ||

見身如沫 幻法自然 斷魔華敷 不睹生死

♦ 죽음의 신 마라가 사람을 죽일 때 쏘는 화살 끝에는 꽃이 달려 있다고 한다.

## *Dh. 047.*

꽃을 따는 데
마음이 사로잡힌 사람은
잠든 마을 홍수가 쓸어가듯
죽음이 그를 붙잡아 간다.

pupphāni heva pacinantaṁ, byāsattamanasaṁ naraṁ |
suttaṁ gāmaṁ mahoghova, maccu ādāya gacchati ||

如有採華 專意不散 村睡水漂 爲死所牽

## *Dh. 048.*

꽃을 따는 데
마음이 사로잡힌 사람은
쾌락에 만족하기도 전에
죽음이 들이닥친다.

pupphāni heva pacinantaṁ, byāsattamanasaṁ naraṁ |
atittaññeva kāmesu, antako kurute vasaṁ ||

如有採華 專意不散 欲意無厭 爲窮所困

## *Dh. 049.*

빛깔과 향기는 내버려 두고
꽃에서 꿀만 따서 날아가는
꿀벌처럼 성자는 마을에서
이와 같이 유행(遊行)해야 한다.

yathāpi bhamaro pupphaṁ, vaṇṇagandhamaheṭhayaṁ |
paleti rasamādāya, evaṁ gāme munī care ||

如蜂集華 不嬈色香 但取味去 仁入聚然

## *Dh. 050.*

다른 사람 잘못을 보지 말고
다른 사람 하는 일을 보지 말고
자신이 할 일을 했는지 안 했는지
항상 그것을 보아야 한다.

na paresaṁ vilomāni, na paresaṁ katākataṁ |
attanova avekkheyya, katāni akatāni ca ||

不務觀彼 作與不作 常自省身 知正不正

## *Dh. 051.*

모습은 예쁘지만
향기 없는 꽃처럼
잘 설해진 부처님 말씀도
실천하지 않으면 결실이 없다.

yathāpi ruciraṁ pupphaṁ, vaṇṇavantaṁ agandhakaṁ |
evaṁ subhāsitā vācā, aphalā hoti akubbato ||

如可意華 色好無香 工語如是 不行無得

*Dh. 052.*

모습도 아름답고
향기 좋은 꽃처럼
잘 설해진 부처님 말씀도
실천해야만 결실이 있다.

yathāpi ruciraṁ pupphaṁ, vaṇṇavantaṁ sugandhakaṁ |
evaṁ subhāsitā vācā, saphalā hoti kubbato ||

如可意華 色美且香 工語有行 必得其福

## *Dh. 053.*

많은 꽃을 모아서
많은 화만(花鬘)을 만들듯이
태어나서 죽을 때까지
착한 일 많이 해야 한다.

yathāpi puppharāsimhā, kayirā mālāguṇe bahū |
evaṁ jātena maccena, kattabbaṁ kusalaṁ bahuṁ ||

多集衆妙華 結鬘爲步瑤 有情積善根 後世轉殊勝

## *Dh. 054.*

전단향(栴檀香)도 따가라(Tagara)도 말리까(Mallikā)도
꽃향기는 바람을 거스르지 못하지만
참사람의 향기는 바람을 거슬러서
사방으로 온 세상에 퍼져나간다.

na pupphagandho paṭivātameti,
na candanaṁ tagaramallikā |
satañca gandho paṭivātameti,
sabbā disā sappuriso pavāyati ||

花香不逆風 芙蓉栴檀香 德香逆風熏 德人徧聞香

## *Dh. 055.*

전단향도 있고 따가라도 있고
연꽃도 있고 와씨끼(Vassikī)도 있지만
이들 향기 나는 것들 가운데
계향(戒香)♦ 보다 더 좋은 것은 없다.

candanaṁ tagaraṁ vāpi, uppalaṁ atha vassikī |
etesaṁ gandhajātānaṁ, sīlagandho anuttaro ||

旃檀多香 青蓮芳花 雖曰是眞 不如戒香

♦ 계율을 지키는 사람의 향기.

## *Dh. 056.*

따가라나 전단향은
그 향기가 보잘것없다.
계행(戒行)이 훌륭한 분의 향기는
가장 높은 천상까지 퍼져간다.

appamatto ayaṁ gandho, yāyaṁ tagaracandanī |
yo ca sīlavataṁ gandho, vāti devesu uttamo ||

華香氣微 不可謂眞 持戒之香 到天殊勝

## *Dh. 057.*

계행을 빠짐없이 갖추고
방일하지 않고 살아가는
바른 지혜로 해탈한 사람
그들이 가는 길은 마라도 모른다.

tesaṁ sampannasīlānaṁ, appamādavihārinaṁ |
sammadaññāvimuttānaṁ, māro maggaṁ na vindati ||

戒具成就 行無放逸 定意度脫 長離魔道

## *Dh. 058.*

큰길가에 버려진
쓰레기통 속에서
연꽃이 피어나면
맑고 좋은 향기 나듯

yathā saṅkāraṭhānasmiṁ, ujjhitasmiṁ mahāpathe |
padumaṁ tattha jāyetha, sucigandhaṁ manoramaṁ ||

如作田溝 近于大道 中生蓮華 香潔可意

## *Dh. 059.*

쓰레기 같은 중생들 속에서
어리석은 범부(凡夫)들 속에서
바르게 깨친 분의 제자는
지혜의 광명을 두루 비춘다.

evaṁ saṅkārabhūtesu, andhabhūte puthujjane |
atirocati paññāya, sammāsambuddhasāvako ||

有生死然 凡夫處邊 慧者樂出 爲佛弟子

# 5

## 발라-왁가

Bāla-vagga

# 우암품

愚
闇
品

## *Dh. 060.*

잠 못 드는 밤은 길기만 하다.
지친 몸은 십리(十里)도 멀기만 하다.♦
정법(正法)을 모르는 어리석은 자
끝없이 도는 삶은 길고도 멀다.♦♦

dīghā jāgarato ratti, dīghaṁ santassa yojanaṁ |
dīgho bālānaṁ saṁsāro, saddhammaṁ avijānataṁ ||

不寐夜長 疲惓道長 愚生死長 莫知正法

♦ 원뜻은 '지친 자의 유순은 길다'이다. '유순(yojana, 由旬)'은 인도의 거리 단위로서 16km 정도의 거리다.

♦♦ 일반적으로 '윤회'로 번역하는 'saṁsāro'를 '끝없이 도는 삶'으로 번역함.

## *Dh. 061.*

자신보다 낫거나 동등한 친구
수행하는 길에서 얻지 못하면
주저하지 말고 혼자서 가라!
어리석은 자와는 사귀지 말라!

carañce nādhigaccheyya, seyyaṁ sadisamattano |
ekacariyaṁ daḷhaṁ kayirā, natthi bāle sahāyatā ||

學無朋類 不得善友 寧獨守善 不與愚偕

*Dh. 062.*

자식은 내 것이고 재산은 내 것이다.
이런 생각으로 골치 앓는 어리석은 자여!
나 자신도 나의 것이 아니거늘
하물며 자식이랴! 하물며 재산이랴!

puttā matthi dhanammatthi, iti bālo vihaññati |
attā hi attano natthi, kuto puttā kuto dhanaṁ ||

有子有財 愚惟汲汲 我且非我 何憂子財

## *Dh. 063.*

어리석은 자가 어리석은 줄 안다면
그는 그것으로 현자와 다름없다.
어리석은 자가 현명함을 자랑하면
그를 참으로 어리석은 자라고 한다.

yo bālo maññati bālyaṁ, paṇḍito vāpi tena so |
bālo ca paṇḍitamānī, sa ve bāloti vuccati ||

愚者自稱愚 常知善黠慧 愚人自稱智 是謂愚中甚

## *Dh. 064.*

어리석은 자는 평생 동안
현자를 모시고 살아도
가르침을 알아듣지 못한다.
국자가 국물 맛을 알지 못하듯.

yāvajīvampi ce bālo, paṇḍitaṁ payirupāsati |
na so dhammaṁ vijānāti, dabbī sūparasaṁ yathā ||

愚人盡形壽 承事明智人 亦不知眞法 如杓斟酌食

## *Dh. 065.*

현명한 사람은 잠시 동안
현자를 모시고 살아도
금방 가르침을 알아듣는다.
혀가 국물 맛을 알아보듯.

muhuttamapi ce viññū, paṇḍitaṁ payirupāsati |
khippaṁ dhammaṁ vijānāti, jivhā sūparasaṁ yathā ||

智者須臾間 承事賢聖人 一一知眞法 如舌了衆味

## *Dh. 066.*

지혜 없는 어리석은 자들은
자신에 대하여 원수처럼 행동한다.
사악한 행위를 자행하면서
혹독한 과보를 받게 된다.

caranti bālā dummedhā, amitteneva attanā |
karontā pāpakaṁ kammaṁ, yaṁ hoti kaṭukapphalaṁ ||

愚人施行 爲身招患 快心作惡 自致重殃

## *Dh. 067.*

어떤 일을 한 후에 후회하고
눈물 젖은 얼굴로 통곡하는
그런 과보가 뒤따른다면
그런 일은 하지 않는 것이 좋다.

na taṁ kammaṁ kataṁ sādhu, yaṁ katvā anutappati |
yassa assumukho rodaṁ, vipākaṁ paṭisevati ||

行爲不善 退見悔悋 致涕流面 報由宿習

## *Dh. 068.*

어떤 일을 한 후에 후회하지 않고
기쁘고 흐뭇한 마음이 드는
그런 과보가 뒤따른다면
그런 일은 하는 것이 좋다.

tañca kammaṁ kataṁ sādhu, yaṁ katvā nānutappati |
yassa patīto sumano, vipākaṁ paṭisevati ||

行爲德善 進睹歡喜 應來受福 喜笑悅習

## *Dh. 069.*

악행의 결과가 나타나지 않는 동안
어리석은 자는 꿀처럼 여긴다.
그러다가 악행의 결과가 나타나면
그때 비로소 괴로움을 겪는다.

madhuvā maññati bālo, yāva pāpaṁ na paccati |
yadā ca paccati pāpaṁ, bālo dukkhaṁ nigacchati ||

過罪未熟 愚以恬淡 至其熟處 自受大罪

## *Dh. 070.*

어리석은 자가 한 달 또 한 달
풀잎 끝으로 음식을 먹어도♦
법을 통찰하신 분에 비하면
16분의 1에도 미치지 못한다.

māse māse kusaggena, bālo bhuñjeyya bhojanaṁ |
na so saṅkhātadhammānaṁ, kalaṁ agghati soḷasiṁ ||

從月至於月 愚者用飮食 被不信於佛 十六不獲一

♦ 아주 적은 양의 음식을 먹으며 고행한다는 의미.

## *Dh. 071.*

새로 짠 우유가 즉시 굳지 않듯이
악행의 결과도 즉시 보이지 않고
재에 덮인 불씨처럼 몰래 따라와
어리석은 자에게 고통을 준다.

na hi pāpaṁ kataṁ kammaṁ, sajju khīraṁva muccati |
ḍahantaṁ bālamanveti, bhasmacchannova pāvako ||

惡不卽時 如穀牛乳 罪在陰祠 如灰覆火

## *Dh. 072.*

어리석은 자에게
무익한 지식이 생기면
어리석은 자의 행운을 없애고
그를 고뇌에 빠뜨린다.♦

yāvadeva anatthāya, ñattaṁ bālassa jāyati |
hanti bālassa sukkaṁsaṁ, muddhamassa vipātayaṁ ||

愚生念慮 至終無利 自招刀杖 報有印章

♦ 원뜻은 '머리를 조각낸다'이다.

## Dh. 073.

헛된 명성을 바라는 자는
비구들 속에서는 존경을 바라고
수행처(修行處)에서는 주도권을 바라고
남의 집에서는 공양(供養)을 바란다.

asantaṁ bhāvanamiccheyya, purekkhārañca bhikkhusu |
āvāsesu ca issariyaṁ, pūjā parakulesu ca ||

愚人貪利養 求望名譽稱 在家自興嫉 常求他供養

## *Dh. 074.*

'재가자(在家者)든 출가자(出家者)든
어떤 일이든 모든 일은
나의 일이라고 생각하고
모두 내 허락을 받아라!'♦
이렇게 생각하는 어리석은 사람은
욕망과 교만이 커간다.

mameva kataṁ maññantu, gihīpabbajitā ubho |
mamevātivasā assu, kiccākiccesu kismici |
iti bālassa saṅkappo, icchā māno ca vaḍḍhati ||

勿猗此養 爲家捨罪 此非支意 用用何益 愚爲愚計 欲慢用增

♦ 교단(教團)을 개인의 사유물로 생각한다는 의미.

## *Dh. 075.*

하나의 길은 환대(歡待)받는 길이요
다른 길은 열반(涅槃)으로 가는 길이다.
이를 이해한 수행자는 붓다의 제자로서
환대를 기뻐하지 않고 멀리해야 한다.

aññā hi lābhūpanisā, aññā nibbānagāminī |
evametaṁ abhiññāya, bhikkhu buddhassa sāvako |
sakkāraṁ nābhinandeyya, vivekamanubrūhaye ||

異哉夫利養 泥洹趣不同 能諦是知者
比丘眞佛子 不樂着利養 閑居却亂意

# 6

빤디따-왁가

Paṇḍita-vagga

# 명철품

明
哲
品

*Dh. 076.*

숨은 보물을 알려주듯이
허물을 드러내어 꾸짖는
현명한 분을 보면 가까이하라!
이런 분을 가까이하면
더 좋아질 뿐 나빠지지 않는다.

nidhīnaṁva pavattāraṁ, yaṁ passe vajjadassinaṁ |
niggayhavādiṁ medhāviṁ, tādisaṁ paṇḍitaṁ bhaje |
tādisaṁ bhajamānassa, seyyo hoti na pāpiyo ||

深觀善惡 心知畏忌 畏而不犯 終吉無憂
故世有福 念思紹行 善致其願 福祿轉勝

## *Dh. 077.*

사람을 훈계하고 가르쳐서
천박한 짓을 못 하게 하면
착한 사람의 사랑을 받고
못된 사람의 미움을 받는다.

ovadeyyānusāseyya, asabbhā ca nivāraye |
satañhi so piyo hoti, asataṁ hoti appiyo ||

晝夜當精勤 牢持於禁戒 爲善友所敬 惡友所不念

## *Dh. 078.*

사악한 친구를 가까이하지 말고
저열한 사람을 가까이하지 말라!
선량한 친구를 가까이하고
훌륭한 사람을 가까이하라!

na bhaje pāpake mitte, na bhaje purisādhame |
bhajetha mitte kalyāṇe, bhajetha purisuttame ||

常避無義 不親愚人 思從賢友 狎附上士

*Dh. 079.*

법열(法悅) 속에서 편히 지내는
현자는 청청한 마음으로
언제나 성인이 가르친
가르침을 즐긴다.

dhammapīti sukhaṁ seti, vippasannena cetasā |
ariyappavedite dhamme, sadā ramati paṇḍito ||

喜法臥安 心悅意淸 聖人演法 慧常樂行

## *Dh. 080.*

물 대는 사람은 물길을 내고
활 만드는 사람은 화살을 다듬고
목수는 나무를 다듬고
현자는 자신을 길들인다.

udakañhi nayanti nettikā, usukārā namayanti tejanaṁ |
dāruṁ namayanti tacchakā, attānaṁ damayanti paṇḍitā ||

弓工調角 水人調船 材匠調木 智者調身

*Dh. 081.*

바람에 움직이지 않는
단단한 바위처럼
비난과 칭찬에
현자는 동요하지 않는다.

selo yathā ekaghano, vātena na samīrati |
evaṁ nindāpasaṁsāsu, na samiñjanti paṇḍitā ||

譬如厚石 風不能移 智者意重 毁譽不傾

## *Dh. 082.*

맑고 고요한
깊은 호수처럼
현자는 가르침을 듣고
맑고 고요해진다.

yathāpi rahado gambhīro, vippasanno anāvilo |
evaṁ dhammāni sutvāna, vippasīdanti paṇḍitā ||

譬如深淵 澄靜淸明 慧人聞道 心淨歡然

## *Dh. 083.*

참사람은 언제나 놓아버린다.
쾌락을 바라며 애걸(哀乞)하지 않는다.
즐거움을 당해서나 괴로움을 당해서나
현자들은 한결같은 모습을 보인다.

sabbattha ve sappurisā cajanti,
na kāmakāmā lapayanti santo |
sukhena phuṭṭhā athavā dukhena,
na uccāvacaṁ paṇḍitā dassayanti ||

大人體無欲 在所照然明 雖或遭苦樂 不高現其智

*Dh. 084.*

자신을 위해서도 다른 사람 위해서도 원하지 말라!
자식을 원하지 말고 재산과 나라를 원하지 말라!
정당하지 않게 자신의 번영을 바라지 말고
계행이나 지혜가 여법(如法)하도록 하라!

na attahetu na parassa hetu,
na puttamicche na dhanaṁ na raṭṭhaṁ |
na iccheyya adhammena samiddhimattano,
sa sīlavā paññavā dhammikosiyā ||

大賢無世事 不願子財國 常守戒慧道 不貪邪富貴

## *Dh. 085.*

인간들 가운데 저 언덕으로
건너간 사람은 극히 드물다.
실로 여타의 다른 자들은
오히려 이 언덕을 추구한다.

appakā te manussesu, ye janā pāragāmino |
athāyaṁ itarā pajā, tīramevānudhāvati ||

世皆沒淵 鮮剋度岸 如或有人 欲度必奔

## *Dh. 086.*

바르게 설해진 가르침 가운데서
가르침에 따르는 사람들은
건너기 어려운 죽음의 영역
저편으로 건너간다.

ye ca kho sammadakkhāte, dhamme dhammānuvattino |
te janā pāramessanti, maccudheyyaṁ suduttaraṁ ||

誠貪道者 覽受正教 此近彼岸 脫死爲上

## *Dh. 087.*

집을 떠나 집 없는 곳에 가서
즐기기 어려운 고독 가운데서
현자는 어두운 길을 버리고
밝은 길을 닦아야 한다.

kaṇhaṁ dhammaṁ vippahāya, sukkaṁ bhāvetha paṇḍito |
okā anokamāgamma, viveke yattha dūramaṁ ||

斷五陰法 靜思智慧 不反入淵 棄猗其明

## *Dh. 088.*

현자는 그곳에서 모든 쾌락 버리고
무소유(無所有)의 기쁨을 원해야 한다.
자신의 마음을 물들인
오염을 깨끗이 씻어야 한다.

tatrābhiratimiccheyya, hitvā kāme akiñcano |
pariyodapeyya attānaṁ, cittaklesehi paṇḍito ||

抑制情欲 絶樂無爲 能自拯濟 使意爲慧

## *Dh. 089.*

바른 깨달음 주는 수행법들 가운데서♦
마음을 바르게 잘 수련하여
집착을 내려놓고 집착 없이 즐기는
번뇌를 소멸한 빛나는 존재들
그들은 세간에서 열반에 든다.

yesaṁ sambodhiyaṅgesu, sammā cittaṁ subhāvitaṁ |
ādānapaṭinissagge, anupādāya ye ratā |
khīṇāsavā jutimanto, te loke parinibbutā ||

學取正智 意惟正道 一心受諦 不起爲樂 漏盡習除 是得度世

♦ ‘sambodhiyaṅgesu’의 번역. 칠각지(七覺支)를 의미함.

# 7

## 아라한따-왁가

Arahanta-vagga

# 나한품

羅
漢
品

## *Dh. 090.*

여정(旅程)을 끝내 걱정이 없고
모든 것에서 해탈한 아라한(阿羅漢)
모든 결박을 벗어버린
그에게는 근심이 없다.

gataddhino visokassa, vippamuttassa sabbadhi |
sabbaganthappahīnassa, pariḷāho na vijjati ||

去離憂患 脫於一切 縛結已解 冷而無煖

*Dh. 091.*

주의집중에 전념하는 수행자들은
한곳에 머물면서 즐기지 않는다.
백조가 작은 연못 버리고 가듯
그들은 머물던 곳 모두 버린다.

uyyuñjanti satīmanto, na nikete ramanti te |
haṁsāva pallalaṁ hitvā, okamokaṁ jahanti te ||

心淨得念 無所貪樂 已度癡淵 如鴈棄池

*Dh. 092.*

음식에 대하여 빠짐없이 아는◆
그들에게는 모아둔 것이 없다.
그들이 노니는 해탈의 경지는
새가 날아간 허공 같아서
그들이 가는 길 알기 어렵다.

yesaṁ sannicayo natthi, ye pariññātabhojanā |
suññato animitto ca, vimokkho yesaṁ gocaro |
ākāse va sakuntānaṁ, gati tesaṁ durannayā ||

量腹而食 無所藏積 心空無相 度衆行地 如空中鳥 遠逝無礙

◆ 'ye pariññātabhojanā'의 번역. 음식에 담긴 세 가지 뜻을 잘 안다는 의미. 음식을 준 사람의 공덕을 알고, 음식은 몸을 유지하는 수단일 뿐이므로 욕심내어 저장하지 않아야 함을 알고, 맛있는 음식도 결국은 똥이 된다는 사실을 아는 것.

*Dh. 093.*

번뇌를 소멸한 사람은
음식에 집착하지 않는다.
그가 노니는 해탈의 경지는
텅 비어 아무런 모습이 없다.
새가 날아간 허공 같아서
그의 발자취 알기 어렵다.

yassāsavā parikkhīṇā, āhāre ca anissito |
suññato animitto ca, vimokkho yassa gocaro |
ākāse va sakuntānaṁ, padaṁ tassa durannayaṁ ||

如鳥飛虛空 而無有所礙 彼人獲無漏 空無相願定

## *Dh. 094.*

조련사가 잘 길들인 말처럼
육근(六根)의 지각 활동 고요해지고◆
교만을 내려놓고 번뇌를 털어버린
그들을 천신들도 부러워한다.

yassindriyāni samathaṅgatāni,
assā yathā sārathinā sudantā |
pahīnamānassa anāsavassa,
devāpi tassa pihayanti tādino ||

制根從止 如馬調御 捨憍慢習 爲天所敬

◆ 'yassindriyāni samathaṅgatāni'의 번역. 외부를 향한 육근의 활동이 멈추고 자신의 내면을 성찰하게 되었다는 의미.

## *Dh. 095.*

땅처럼 모든 것을 받아들이고◆
고결한 성품은 기둥처럼 우뚝하며
오염되지 않은 맑은 호수 같은
그런 사람에게 윤회(輪廻)가 없다.

pathavisamo no virujjhati, indakhīlupamo tādi subbato |
rahadova apetakaddamo, saṁsārā na bhavanti tādino ||

不怒如地 不動如山 眞人無垢 生死世絶

◆ 땅이 더러운 것과 깨끗한 것을 모두 받아들이듯이 칭찬과 비난을 받아들인다는 의미.

## *Dh. 096.*

바르게 알아서 해탈하여
평화롭기 그지없는♦
그런 이의 마음은 적멸(寂滅)하고♦♦
말도 행동도 적멸하다.

santaṁ tassa manaṁ hoti, santā vācā ca kamma ca |
sammadaññāvimuttassa, upasantassa tādino ||

心已休息 言行亦正 從正解脫 寂然歸滅

♦ 'upasantassa'의 번역.

♦♦ 'santaṁ tassa manaṁ hoti'의 번역. 적멸(santa)은 행(saṅkhāra, 行)의 지멸(止滅)을 의미한다. 유위(有爲)를 조작하는 행위를 하지 않는다는 의미.

## *Dh. 097.*

다른 사람 믿지 않고 무위(無爲)를 알고♦
다시 태어나는 결박(結縛)을 끊고
기회도 버리고 기대(期待)도 없는
그가 진실로 최상의 인간이다.

assaddho akataññū ca, sandhicchedo ca yo naro |
hatāvakāso vantāso, sa ve uttamaporiso ||

棄欲無著 缺三界障 望意已絶 是謂上人

♦ 'assaddho akataññu ca'의 번역. 자신을 믿고 의지하여 스스로 열반을 성취한다는 의미. '무위'로 번역한 'akata'는 만들어진 것이 아닌 것을 의미한다. 여기에서는 '열반'을 의미한다.

## Dh. 098.

마을이든 숲이든
계곡이든 산꼭대기든♦
아라한이 머무는 곳이면
그곳이 복된 땅이다.

gāme vā yadi vārañño, ninne vā yadi vā thale |
yattha arahanto viharanti, taṁ bhūmiṁ rāmaṇeyyakaṁ ||

在聚若野 平地高岸 應眞所過 莫不蒙祐

♦ 원뜻은 '저지대(低地帶)든 고지대(高地帶)든'이다.

## *Dh. 099.*

사람들은 즐기지 않지만
숲이야말로 즐거운 곳이다.
쾌락을 찾아다니지 않는
탐욕 버린 사람들은 즐길 것이다.

ramaṇīyāni araññāni, yattha na ramatī jano |
vītarāgā ramissanti, na te kāmagavesino ||

彼樂空閑 衆人不能 快哉無望 無所欲求

# 8

싸핫싸-왁가

Sahassa-vagga

# 술천품

述

千

品

*Dh. 100.*

의미 없이 말하는
일천 마디 말보다
들으면 고요해지는
의미 있는 한 마디가 더 낫다.

sahassamapi ce vācā, anatthapadasaṁhitā |
ekaṁ atthapadaṁ seyyo, yaṁ sutvā upasammati ||

雖誦千言 句義不正 不如一要 聞可滅意

## *Dh. 101.*

의미 없이 외는
일천 마디 게송(偈頌)보다
들으면 고요해지는
한 구절의 게송이 더 낫다.

sahassamapi ce gāthā, anatthapadasaṁhitā |
ekaṁ gāthāpadaṁ seyyo, yaṁ sutvā upasammati ||

雖誦千言 不義何益 不如一義 聞行可度

*Dh. 102.*

의미 없이 외는
백 마디 게송보다
들으면 고요해지는
한 구절의 법구(法句)가 더 낫다.

yo ca gāthā sataṁ bhāse, anatthapadasaṁhitā |
ekaṁ dhammapadaṁ seyyo, yaṁ sutvā upasammati ||

雖多誦經 不解何益 解一法句 行可得道

## *Dh. 103.*

전쟁에서 100만 대군
이기는 자보다
자기 한 사람을 이기는 자가
진정한 최고의 승리자다.

yo sahassaṁ sahassena, saṅgāme mānuse jine |
ekañca jeyyamattānaṁ, sa ve saṅgāmajuttamo ||

千千爲敵 一夫勝之 未若自勝 爲戰中上

*Dh. 104.*

항상 자신을 다스리고
자제(自制)하며 사는 사람
어떤 사람보다
자신을 이긴 사람이 더 낫다.

attā have jitaṁ seyyo, yā cāyaṁ itarā pajā |
attadantassa posassa, niccaṁ saññatacārino ||

自勝最賢 故曰人雄 護意調身 自損至終

*Dh. 105.*

천신(天神)도 건달바(乾闥婆)도
마라도 범천(梵天)도
그런 사람의 승리를
패배로 만들지 못한다.

neva devo na gandhabbo, na māro saha brahmunā |
jitaṁ apajitaṁ kayirā, tathārūpassa jantuno ||

雖曰尊天 神魔梵釋 皆莫能勝 自勝之人

## *Dh. 106.*

어떤 사람 다달이 천금(千金)을 들여
백 년을 한결같이 헌공(獻供)을 하고
어떤 사람 잠시라도 자신을 닦는
수행자 한 분에게 공양한다면
백 년 동안 헌공한 공덕보다
잠시 올린 공양이 더 낫다.

māse māse sahassena, yo yajetha sataṁ samaṁ |
ekañca bhāvitattānaṁ, muhuttamapi pūjaye |
sāyeva pūjanā seyyo, yañce vassasataṁ hutaṁ ||

月千反祠 終身不輟 不如須臾 一心念法 一念道福 勝彼終身

*Dh. 107.*

어떤 사람 백 년 동안 숲속에서
불의 신을 예배하며 지내고
어떤 사람 잠시라도 자신을 닦는
수행자 한 분에게 공양한다면
백 년 동안 예배한 공덕보다
잠시 올린 공양이 더 낫다.

yo ca vassasataṁ jantu, aggiṁ paricare vane |
ekañca bhāvitattānaṁ, muhuttamapi pūjaye |
sāyeva pūjanā seyyo, yañce vassasataṁ hutaṁ ||

雖終百歲 奉事火祠 不如須臾 供養三尊 一供養福 勝彼百年

## *Dh. 108.*

세간에서 공덕을 기대하고
일 년 내내 올리는 희생이나 헌공은
바른 삶을 사는 분께 예배하는 것에
4분의 1에도 미치지 못한다.

yaṁ kiñci yiṭṭhaṁ va hutaṁ va loke,
saṁvaccharaṁ yajethapuññapekkho |
sabbampi taṁ na catubhāgameti,
abhivādanaṁ ujjugatesu seyyo ||

祭神以求福 從後觀其報 四分未望一 不如禮賢者

*Dh. 109.*

항상 덕 높은 분을 예배하고
연로한 분을 존경하는 사람은
수명과 미모(美貌), 행복과 기력(氣力)
이들 네 가지가 증가한다.

abhivādanasīlissa, niccaṁ vaḍḍhāpacāyino |
cattāro dhammā vaḍḍhanti, āyu vaṇṇo sukhaṁ balaṁ ||

能善行禮節 常敬長老者 四福自然增 色力壽而安

## *Dh. 110.*

계율을 어기고 어지럽게
백 년을 사는 것보다
계율을 지키고 선정에 들어
하루를 사는 것이 더 낫다.

yo ca vassasataṁ jīve, dussīlo asamāhito |
ekāhaṁ jīvitaṁ seyyo, sīlavantassa jhāyino ||

若人壽百歲 遠正不持戒 不如生一日 守戒正意禪

*Dh. 111.*

지혜 없이 어지럽게
백 년을 사는 것보다
지혜를 갖추고 선정에 들어
하루를 사는 것이 더 낫다.

yo ca vassasataṁ jīve, duppañño asamāhito |
ekāhaṁ jīvitaṁ seyyo, paññavantassa jhāyino ||

若人壽百歲 邪僞無有智 不如生一日 一心學正智

## *Dh. 112.*

게으름 피우며 정진하지 않고
백 년을 사는 것보다
열심히 정진하면서
하루를 사는 것이 더 낫다.

yo ca vassasataṁ jīve, kusīto hīnavīriyo |
ekāhaṁ jīvitaṁ seyyo, vīriyamārabhato daḷhaṁ ||

若人壽百歲 懈怠不精進 不如生一日 勉力行精進

## *Dh. 113.*

생멸(生滅)을 보지 못하고
백 년을 사는 것보다
생멸을 보고
하루를 사는 것이 더 낫다.

yo ca vassasataṁ jīve, apassaṁ udayabbayaṁ |
ekāhaṁ jīvitaṁ seyyo, passato udayabbayaṁ ||

若人壽百歲 不知成敗事 不如生一日 見微知所忌

## *Dh. 114.*

불사(不死)의 길을 보지 못하고
백 년을 사는 것보다
불사의 길을 보고
하루를 사는 것이 더 낫다.

yo ca vassasataṁ jīve, apassaṁ amataṁ padaṁ |
ekāhaṁ jīvitaṁ seyyo, passato amataṁ padaṁ ||

若人壽百歲 不見甘露道 不如生一日 服行甘露味

*Dh. 115.*

위없는 가르침을 알지 못하고
백 년을 사는 것보다
위없는 가르침을 알고
하루를 사는 것이 더 낫다.

yo ca vassasataṁ jīve, apassaṁ dhammamuttamaṁ |
ekāhaṁ jīvitaṁ seyyo, passato dhammamuttamaṁ ||

若人壽百歲 不知大道義 不如生一日 學推佛法要

# 9

빠빠-왁가

Pāpa-vagga

# 악행품

惡
行
品

## *Dh. 116.*

착한 일을 부지런히 하여
악행(惡行)으로부터 마음을 보호하라!
공덕 짓는 일을 게을리하면
마음은 못된 짓을 즐기게 된다.

abhittharetha kalyāṇe, pāpā cittaṁ nivāraye |
dandhañhi karoto puññaṁ, pāpasmiṁ ramatī mano ||

見善不從 反隨惡心 求福不正 反樂邪婬

## *Dh. 117.*

어떤 사람 악행을 저질렀다면
그런 짓을 두 번 다시 하면 안 된다.
그런 짓에 욕망을 일으키면 안 된다.
악행이 쌓여서 괴로움 된다.

pāpañce puriso kayirā, na naṁ kayirā punappunaṁ |
na tamhi chandaṁ kayirātha, dukkho pāpassa uccayo ||

人雖爲惡行 亦不數數作 於彼意不樂 知惡之爲苦

## *Dh. 118.*

어떤 사람 선행(善行)을 행하였다면
그런 일을 거듭해서 행해야 한다.
그런 일에 의욕을 일으켜야 한다.
공덕이 쌓여서 즐거움 된다.

puññañce puriso kayirā, kayirā naṁ punappunaṁ |
tamhi chandaṁ kayirātha, sukho puññassa uccayo ||

人能作其福 亦當數數造 於彼意須樂 善受其福報

## *Dh. 119.*

악행의 열매가 익기 전에는
악한 자도 행복을 누린다.
그러다 악행의 열매가 익으면
악한 자는 그 죗값을 치른다.

pāpopi passati bhadraṁ, yāva pāpaṁ na paccati |
yadā ca paccati pāpaṁ, atha pāpo pāpāni passati ||

妖孽見福 其惡未熟 至其惡熟 自受罪虐

*Dh. 120.*

선행의 열매가 익기 전에는
착한 사람도 괴로움을 겪는다.
그러다 선행의 열매가 익으면
착한 사람은 그 복을 받는다.

bhadropi passati pāpaṁ, yāva bhadraṁ na paccati |
yadā ca paccati bhadraṁ, atha bhadro bhadrāni passati ||

貞祥見禍 其善未熟 至其善熟 必受其福

*Dh. 121.*

과보가 오지 않을 것이라고
악행을 가볍게 보지 말라!
물방울이 모여서
항아리를 채우듯이
악행이 조금씩 쌓여서
어리석은 사람을 채운다.

māppamaññetha pāpassa, na mantaṁ āgamissati |
udabindunipātena, udakumbhopi pūrati |
bālo pūrati pāpassa, thokathokampi ācinaṁ ||

莫輕小惡 以爲無殃 水滴雖微 漸盈大器 凡罪充滿 從小積成

## *Dh. 122.*

과보가 오지 않을 것이라고
공덕을 가볍게 보지 말라!
물방울이 모여서
항아리를 채우듯이
공덕이 조금씩 쌓여서
지혜로운 사람을 채운다.

māppamaññetha puññassa, na mantaṁ āgamissati |
udabindunipātena, udakumbhopi pūrati |
dhīro pūrati puññassa, thokathokampi ācinaṁ ||

莫輕小善 以爲無福 水滴雖微 漸盈大器 凡福充滿 從纖纖積

*Dh. 123.*

많은 재물 지니고 장삿길에 홀로 나선
돈 많은 상인이 험한 길을 피하듯이
살고 싶어 하는 자가 독(毒)을 멀리하듯이
모든 악행을 멀리하고 피해야 한다.

vāṇijova bhayaṁ maggaṁ, appasattho mahaddhano |
visaṁ jīvitukāmova, pāpāni parivajjaye ||

伴少而貨多 商人怵惕懼 嗜欲賊害命 故慧不貪欲

## *Dh. 124.*

손에 상처가 없으면
손으로 독을 집어도
상처 없는 사람에게 독이 접근 못 하듯
죄짓지 않은 사람에게는 죄가 없다.

pāṇimhi ce vaṇo nāssa, hareyya pāṇinā visaṁ |
nābbaṇaṁ visamanveti, natthi pāpaṁ akubbato ||

有身無瘡疣 不爲毒所害 毒奈無瘡何 無惡無所作

*Dh. 125.*

어떤 자가 죄 없는 청정한 사람
허물없는 사람의 허물을 보면
어리석은 그에게 죄가 돌아간다.
바람을 향해 날린 미세한 먼지처럼.

yo appaduṭṭhassa narassa dussati,
suddhassa posassa anaṅgaṇassa |
tameva bālaṁ pacceti pāpaṁ,
sukhumo rajo paṭivātaṁva khitto ||

加惡誣罔人 淸白猶不汚 愚殃反自及 如塵逆風坋

## *Dh. 126.*

어떤 사람들은 모태(母胎)에 들어간다.
죄를 지은 사람들은 지옥에 가고
착하게 산 사람들은 천상에 간다.
번뇌 여읜 사람들은 열반에 든다.

gabbhameke uppajjanti, nirayaṁ pāpakammino |
saggaṁ sugatino yanti, parinibbanti anāsavā ||

有識墮胞胎 惡者入地獄 行善上昇天 無爲得泥洹

## *Dh. 127.*

공중에도 없고 바다에도 없다.
산골짜기 협곡에 들어가도 없다.
악업을 짓고 벗어날 수 있는 곳
세상 어디에도 그런 곳은 없다.

na antalikkhe na samuddamajjhe,
na pabbatānaṁ vivaraṁ pavissa |
na vijjati so jagatippadeso,
yatthaṭṭhito mucceyya pāpakammā ||

非空非海中 非隱山石間 莫能於此處 避免宿惡殃

*Dh. 128.*

공중에도 없고 바다에도 없다.
산골짜기 협곡에 들어가도 없다.
죽음의 지배에서 벗어날 수 있는 곳
세상 어디에도 그런 곳은 없다.

na antalikkhe na samuddamajjhe,
na pabbatānaṁ vivaraṁ pavissa |
na vijjatī so jagatippadeso, yatthaṭṭhitaṁ
nappasaheyya maccu ||

非空非海中 非入山石間 無有他方所 脫之不受死

# 10

단다-왁가

Daṇḍa-vagga

# 도장품

刀

杖

品

## *Dh. 129.*

매 맞으면 누구나 비명(悲鳴) 지른다.
죽음은 누구나 두려워한다.
자기 자신을 여기에 견주어
때리지 말고 죽이지 말라!

sabbe tasanti daṇḍassa, sabbe bhāyanti maccuno |
attānaṁ upamaṁ katvā, na haneyya na ghātaye ||

一切皆懼死 莫不畏杖痛 恕己可爲譬 勿殺勿行杖

*Dh. 130.*

매 맞는 일 누구나 두려워한다.
누구나 자신의 생명을 사랑한다.
자기 자신을 여기에 견주어
때리지 말고 죽이지 말라!

sabbe tasanti daṇḍassa, sabbesaṁ jīvitaṁ piyaṁ |
attānaṁ upamaṁ katvā, na haneyya na ghātaye ||

遍於諸方求 念心中間察 頗有斯等類

## *Dh. 131.*

자신의 행복을 추구하면서
행복을 바라는 존재들을
폭력으로 해치는 자는
사후에 행복을 얻지 못한다.

sukhakāmāni bhūtāni, yo daṇḍena vihiṁsati |
attano sukhamesāno, pecca so na labhate sukhaṁ ||

善樂於愛欲 以杖加群生 於中自求安 後世不得樂

## *Dh. 132.*

자신의 행복을 추구하면서
행복을 바라는 존재들을
폭력으로 해치지 않는 사람은
사후에 행복을 얻게 된다.

sukhakāmāni bhūtāni, yo daṇḍena na hiṁsati |
attano sukhamesāno, pecca so labhate sukhaṁ ||

人欲得歡樂 杖不加群生 於中自求樂 後世亦得樂

## *Dh. 133.*

누구에게든 거친 말을 하지 말라!
뱉은 말은 반드시 되돌아온다.
성내며 하는 말은 괴로움 된다.
몽둥이가 되어서 되돌아온다.

māvoca pharusaṁ kañci, vuttā paṭivadeyyu taṁ |
dukkhā hi sārambhakathā, paṭidaṇḍā phuseyyu taṁ ||

不當麤言 言當畏報 惡往禍來 刀杖歸軀

*Dh. 134.*

그대가 만약에 깨진 징처럼
스스로 동요하지 않는다면
그대에게 분노가 없을 것이니
그대는 열반을 얻은 것이다.

sace neresi attānaṁ, kaṁso upahato yathā |
esa pattosi nibbānaṁ, sārambho te na vijjati ||

出言以善 如叩鐘磬 身無論議 度世則易

*Dh. 135.*

목동이 작대기로
소들을 몰고 가듯
늙음과 죽음은
중생들의 죽음을 몰고 간다.

yathā daṇḍena gopālo, gāvo pāceti gocaraṁ |
evaṁ jarā ca maccu ca, āyuṁ pācenti pāṇinaṁ ||

譬人操杖 行牧食牛 老死猶然 亦養命去

## *Dh. 136.*

어리석은 자는 악한 업을
짓고 있는 줄 알지 못한다.
어리석은 자는 그 업에 의해
불에 타는 듯이 괴로워진다.

atha pāpāni kammāni, karaṁ bālo na bujjhati |
sehi kammehi dummedho, aggidaḍḍhova tappati ||

愚惷作惡 不能自解 殃追自焚 罪成熾燃

*Dh. 137.*

선량한 사람을 폭력으로 가해하고
허물없는 사람의 허물을 보는 자는
열 가지 처지 가운데
하나에 곧바로 떨어진다.

yo daṇḍena adaṇḍesu, appaduṭṭhesu dussati |
dasannamaññataraṁ ṭhānaṁ, khippameva nigacchati ||

歐杖良善 妄讒無罪 其殃十倍 災迅無赦

## *Dh. 138.*

극심한 손해를 보거나
신체에 손상을 입거나
중대한 질병을 앓거나
마음이 어지러워지거나

vedanaṁ pharusaṁ jāniṁ, sarīrassa ca bhedanaṁ |
garukaṁ vāpi ābādhaṁ, cittakkhepañca pāpuṇe ||

生受酷痛 形體毀折 自然惱病 失意恍惚

*Dh. 139.*

왕으로부터 재난을 당하거나
혹독한 고발을 당하거나
친족이 멸망하거나
재산을 망실(亡失)하거나

rājato vā upasaggaṁ, abbhakkhānañca dāruṇaṁ |
parikkhayañca ñātīnaṁ, bhogānañca pabhaṅguraṁ ||

人所誣咎 或縣官厄 財產耗盡 親戚離別

## *Dh. 140.*

불이 나서
집이 불에 타거나
몸이 무너진 후에
어리석게 지옥에 태어난다.

atha vāssa agārāni, aggi ḍahati pāvako |
kāyassa bhedā duppañño, nirayaṁ sopapajjati ||

舍宅所有 災火焚燒 死入地獄 如是爲十

## *Dh. 141.*

벌거벗고 다녀도 결발(結髮)하거나 진흙 발라도
단식을 해도 맨땅에 누워 지내도
땀과 먼지 범벅 돼도 웅크리고 정진해도
의심 극복 못 한 자를 정화(淨化)하지 못한다.

na naggacariyā na jaṭā na paṅkā,
nānāsakā thaṇḍilasāyikā vā |
rajojallaṁ ukkuṭikappadhānaṁ,
sodhenti maccaṁ avitiṇṇakaṅkhaṁ ||

雖裸剪髮 長服草衣 沐浴踞石 奈癡結何

*Dh. 142.*

몸치장을 했어도 평온하게 다니면서
고요하게 길들여져 일관되게 범행(梵行) 닦고
모든 존재에게 폭력을 내려놓은
그가 바라문이며 사문(沙門)이고 비구다.

alaṅkato cepi samaṁ careyya,
santo danto niyato brahmacārī |
sabbesu bhūtesu nidhāya daṇḍaṁ,
so brāhmaṇo so samaṇo sa bhikkhu ||

自嚴以修法 滅損受淨行 杖不加群生 是沙門道人

## *Dh. 143.*

훌륭한 말이 채찍에 맞지 않듯◆
비난받을 일을 하지 않고
부끄러운 줄 알아 자제하는 사람
그런 사람 세상에 흔치 않다.◆◆

hirīnisedho puriso, koci lokasmi vijjati |
yo niddaṁ appabodhati, asso bhadro kasāmiva ||

世黨有人 能知慚愧 是名誘進 如策良馬

◆ 훌륭한 말은 채찍에 맞기 전에 알아서 달린다는 의미.
◆◆ 원뜻은 '세간에 그런 사람 누가 있는가?'이다.

## *Dh. 144.*

채찍을 잘 아는 훌륭한 말처럼
두렵게 보고 열심히 수련하라!
확신과 계행과 정진에 의해
그리고 삼매(三昧)와 택법(擇法)에 의해◆
아는 대로 실천하고◆◆ 주의집중 전념하여
수많은 괴로움을 없애도록 하라!

asso yathā bhadro kasāniviṭṭho,
ātāpino saṁvegino bhavātha |
saddhāya sīlena ca vīriyena ca,
samādhinā dhammavinicchayena ca |
sampannavijjācaraṇā patissatā,
pahassatha dukkhamidaṁ anappakaṁ ||

如策良馬 進退能遠 人有信戒 定意精進 受道慧成 便滅衆苦

◆ 'dhammavinicchayena'는 칠각지 가운데 택법각지(擇法覺支)를 의미한다. 선악(善惡)을 가려서 악행을 그치고 선행을 실천하는 것을 의미한다.

◆◆ 'sampannavijjācaraṇā'의 번역. '명행족(明行足)'으로 한역되는 이 말은 아는 대로 실천하는 것을 의미한다.

*Dh. 145.*

물 대는 사람은 물길을 내고
활 만드는 사람은 화살을 다듬고
목수는 나무를 다듬고
덕 있는 사람은 자신을 길들인다.

udakañhi nayanti nettikā, usukārā namayanti tejanaṁ |
dāruṁ namayanti tacchakā, attānaṁ damayanti subbatā ||

弓工調絃 水人調船 材匠調木 智者調身

# 11

자라-왁가

Jarā-vagga

# 노모품

老耄品

## *Dh. 146.*

불길이 끊임없이 타오르는데
무엇이 즐거워 웃고 있는가?
암흑이 뒤덮은 어둠 속에서
어찌하여 등불을 찾지 않는가?

ko nu hāso kimānando, niccaṁ pajjalite sati |
andhakārena onaddhā, padīpaṁ na gavessatha ||

何喜何笑 命常熾然 深蔽幽冥 如不求錠

## *Dh. 147.*

옷으로 치장한 모습을 보라!
온몸은 문드러져 상처투성이
질병으로 가득 찬 고름 주머니♦
여기에 영원히 머무는 것은 없다.

passa cittakataṁ bimbaṁ, arukāyaṁ samussitaṁ |
āturaṁ bahusaṅkappaṁ, yassa natthi dhuvaṁ ṭhiti ||

見身形範 倚以爲安 多想致病 豈知非眞

♦ 'āturaṁ bahusaṅkappaṁ'의 번역. 원뜻은 '질병, 많은 생각'인데 문맥상 의역함.

## *Dh. 148.*

날마다 늙어가는 이 몸은
질병이 깃드는 엉성한 둥지
악취 나는 몸은 마침내 무너지고
삶은 결국 죽음으로 끝난다.

parijiṇṇamidaṁ rūpaṁ, roganīḷaṁ pabhaṅguraṁ |
bhijjati pūtisandeho, maraṇantañhi jīvitaṁ ||

老則色衰 病無光澤 皮緩肌縮 死命近促

## *Dh. 149.*

가을에 쓸모가 없어
버려진 조롱박 같은
회색빛 해골을 보고
누가 그것을 사랑하리오.

yānimāni apatthāni, alāpūneva sārade |
kāpotakāni aṭṭhīni, tāni disvāna kā rati ||

身死神徙 如御棄車 肉消骨散 身何可怙

*Dh. 150.*

살과 피로 벽을 바른
뼈로 만들어진 성채
그곳에는 늙음과 죽음
자만과 위선이 숨어 있다.

aṭṭhīnaṁ nagaraṁ kataṁ, maṁsalohitalepanaṁ |
yattha jarā ca maccu ca, māno makkho ca ohito ||

身爲如城 骨幹肉塗 生至老死 但藏恚慢

## *Dh. 151.*

왕들의 화려한 수레도 낡아지고
인간의 육신도 늙음에 이른다.
진실한 사람은 늙음에 이르지 않는다.♦
진실한 사람들이 청정한 길 알려준다.♦♦

jīranti ve rājarathā sucittā,
atho sarīrampi jaraṁ upeti |
satañca dhammo na jaraṁ upeti,
santo have sabbhi pavedayanti ||

老則形變 喩如故車 法能除苦 宜以仂學

♦ 참사람의 가르침은 노사(老死)를 벗어나 열반에 이르는 가르침이라는 의미.
♦♦ 참사람이 가르치는 것은 생사가 적멸한 열반이라는 의미.

## Dh. 152.

배우지 못한 사람은
황소처럼 늙어간다.
몸집만 늘어날 뿐
지혜는 늘지 않는다.

appassutāyaṁ puriso, balivaddova jīrati |
maṁsāni tassa vaḍḍhanti, paññā tassa na vaḍḍhati ||

人之無聞 老若特牛 但長肌肥 無有福慧

## *Dh. 153.*

수많은 태어남을 반복하면서
집 짓는 자를 찾아서
소득 없이 떠돌아다녔다.
거듭된 태어남은 고통스럽다.

anekajātisaṁsāraṁ, sandhāvissaṁ anibbisaṁ |
gahakārakaṁ gavesanto, dukkhā jāti punappunaṁ ||

生死有無量 往來無端緒 求於屋舍者 數數受胞胎

*Dh. 154.*

집 짓는 자여! 나는 너를 보았다.
너는 다시 집을 짓지 못할 것이다.
너의 갈비뼈는 모두 부러졌다.
네가 만든 집은 파괴되었다.
내 마음은 열반에 이르렀다.
갈애의 소멸에 이르렀다.

gahakāraka diṭṭhosi, puna gehaṁ na kāhasi |
sabbā te phāsukā bhaggā, gahakūṭaṁ visaṅkhitaṁ |
visaṅkhāragataṁ cittaṁ, taṇhānaṁ khayamajjhagā ||

以觀此屋 更不造舍 梁棧已壞 臺閣摧折 心已離行 中間已滅

*Dh. 155.*

청정한 수행을 하지도 않고
젊어서 재물도 얻지 못하면
물고기 없는 연못에 사는
늙은 백로(白鷺)처럼 말라간다.

acaritvā brahmacariyaṁ, aladdhā yobbane dhanaṁ |
jiṇṇakoñcāva jhāyanti, khīṇamaccheva pallale ||

不修梵行 又不富財 老如白鷺 守伺空池

*Dh. 156.*

청정한 수행을 하지도 않고
젊어서 재물도 얻지 못하면
그는 부서진 활처럼 드러누워
지난 일을 한탄하게 된다.

acaritvā brahmacariyaṁ, aladdhā yobbane dhanaṁ |
senti cāpātikhīṇāva, purāṇāni anutthunaṁ ||.

既不守戒 又不積財 老羸氣竭 思故何逮

# 12

## 앗따-왁가
## Atta-vagga

# 애신품

## 愛身品

## *Dh. 157.*

자기를 사랑할 줄 아는 사람은
자신을 잘 지켜야 한다.
현자는 삼시(三時) 중에 한 번은♦
자신을 살펴보아야 한다.

attānañce piyaṁ jaññā, rakkheyya naṁ surakkhitaṁ |
tiṇṇaṁ aññataraṁ yāmaṁ, paṭijaggeyya paṇḍito ||

自愛身者 愼護所守 希望欲解 學正不寐

♦ '삼시(三時)'로 번역한 'tiṇṇaṁ yāmaṁ'은 밤을 세 시간대로 나눈 초경(初更), 이경(二更), 삼경(三更)을 의미한다. 인도 전통에서는 이를 인생의 세 시기인 초년, 중년, 말년의 의미로 해석하기도 한다. 역자는 하루 중의 삼시, 즉 오전·오후·밤의 의미로 해석하는 것이 좋다고 생각한다. 즉 하루에 한 번은 자신을 살펴야 한다는 의미로 보고 싶다.

*Dh. 158.*

다른 사람을 가르치려면
현자는 먼저 자신을
바르게 확립하고
잘못을 저지르지 않아야 한다.

attānameva paṭhamaṁ, patirūpe nivesaye |
athaññamanusāseyya, na kilisseyya paṇḍito ||

爲身第一 常自勉學 利乃誨人 不倦則智

*Dh. 159.*

다른 사람을 가르친 대로
그대로 자신도 행해야 한다.
실로 길들이기 가장 어려운
자신을 잘 길들여야 한다.

attānaṁ ce tathā kayirā, yathāññamanusāsati |
sudanto vata dammetha, attā hi kira duddamo ||

當自剋修 隨其教訓 己不被訓 焉能訓彼

*Dh. 160.*

어찌 다른 사람이 보호자리오.
자기의 보호자는 자신뿐이다.
자신을 잘 길들이는 것이
얻기 힘든 보호자를 얻는 것이다.

attā hi attano nātho, ko hi nātho paro siyā |
attanā hi sudantena, nāthaṁ labhati dullabhaṁ ||

自己心爲師 不隨他爲師 自己爲師者 獲眞智人法

*Dh. 161.*

자신이 스스로 저지른 악행은
자신에서 생기고 자신에서 나와서
금강석이 수정을 깨부수듯이
어리석은 자를 파멸시킨다.

attanā hi kataṁ pāpaṁ, attajaṁ attasambhavaṁ |
abhimatthati dummedhaṁ, vajiraṁ vasmamayaṁ maṇiṁ ||

本我所造 後我自受 爲惡自更 如剛鑽珠

## *Dh. 162.*

극심한 악행을 저지른 자는
등나무가 쌀라나무를 뒤덮듯이
자신의 원수가 원하는 대로
자신이 자신에게 그대로 한다.

yassa accantadussīlyaṁ, māluvā sālamivotthataṁ |
karoti so tathattānaṁ, yathā naṁ icchatī diso ||

人不持戒 滋蔓如藤 逞情極欲 惡行日增

## *Dh. 163.*

자신에게 해로운 못된 짓은
참으로 하기가 쉽고
자신에게 이로운 좋은 일은
하기가 가장 어렵다.

sukarāni asādhūni, attano ahitāni ca |
yaṁ ve hitañca sādhuñca, taṁ ve paramadukkaraṁ ||

惡行危身 愚以爲易 善最安身 愚以爲難

## *Dh. 164.*

아라한과 성인들의
가르침에 따라 사는 사람을
사악한 견해에 의지하여
비난하는 어리석은 사람은
대나무 열매처럼♦
자신을 죽이는 일을 한다.

yo sāsanaṁ arahataṁ, ariyānaṁ dhammajīvinaṁ |
paṭikkosati dummedho, diṭṭhiṁ nissāya pāpikaṁ |
phalāni kaṭṭhakasseva, attaghātāya phallati ||

如眞人教 以道活身 愚者疾之 見而爲惡 行惡得惡 如種苦種

♦ 대나무는 꽃이 피고 열매가 맺히면 죽는다.

*Dh. 165.*

스스로 악을 행하여 스스로 더러워지고
스스로 악행을 그쳐 스스로 청정해진다.
타인이 타인을 정화할 수 없나니
깨끗하고 더러움은 자신에게 달렸다.

attanā hi kataṁ pāpaṁ, attanā saṁkilissati |
attanā akataṁ pāpaṁ, attanāva visujjhati |
suddhi asuddhī paccattaṁ, nāñño aññaṁ visodhaye ||

惡自受罪 善自受福 亦各須熟 彼不自代 習善得善 亦如種甛

## *Dh. 166.*

크든 작든 다른 사람 이익 때문에
자신의 이익을 소홀히 하지 말라!
자신의 이익을 확실하게 알아서
그 이익 얻는 데 전념해야 한다.♦

attadatthaṁ paratthena, bahunāpi na hāpaye |
attadatthamabhiññāya, sadatthapasuto siyā ||

凡用必豫慮 勿以損所務 如是意日修 事務不失時

♦ 'sadatthapasuto siyā'의 번역. 열반이라는 이익에 전념하라는 의미.

# 13

로까-왁가

Loka-vagga

# 세속품

世
俗
品

*Dh. 167.*

저열한 가르침을 따르지 말고
방일하며 지내지 말라!
사견(邪見)을 따르지 말고
세간(世間)에 집착하지 말라!

hīnaṁ dhammaṁ na seveyya, pamādena na saṁvase |
micchādiṭṭhiṁ na seveyya, na siyā lokavaḍḍhano ||

不親卑漏法 不興放逸會 不種邪見根 不於世長惡

*Dh. 168.*

방일하지 말고 일어나라!
선법을 행하라!
선법을 행하는 사람은
이 세상과 저세상에서 편히 잠든다.

uttiṭṭhe nappamajjeyya, dhammaṁ sucaritaṁ care |
dhammacārī sukhaṁ seti, asmiṁ loke paramhi ca ||

隨時不興慢 快習於善法 善法善安寐 今世亦後世

## *Dh. 169.*

선법을 행하라!
악법을 행하지 말라!
선법을 행하는 사람은
이 세상과 저세상에서 편히 잠든다.

dhammaṁ care sucaritaṁ, na naṁ duccaritaṁ care |
dhammacārī sukhaṁ seti, asmiṁ loke paramhi ca ||

順行正道 勿隨邪業 行住臥安 世世無患

## *Dh. 170.*

물거품 같다고 세간을 보라!
아지랑이 같다고 세간을 보라!
세간을 이렇게 보는 사람은
죽음의 왕이 그를 보지 못한다.

yathā bubbulakaṁ passe, yathā passe marīcikaṁ |
evaṁ lokaṁ avekkhantaṁ, maccurājā na passati ||

當觀水上泡 亦觀幻野馬 如是不觀世 亦不見死王

*Dh. 171.*

와서 보라, 이 세간을!
마음은 왕의 수레와 같다.
어리석은 자들은 거기에서 흔들리고
이를 아는 사람은 집착하지 않는다.

etha passathimaṁ lokaṁ, cittaṁ rājarathūpamaṁ |
yattha bālā visīdanti, natthi saṅgo vijānataṁ ||

如是當觀身 如王雜色車 愚者所染着 智者遠離之

## *Dh. 172.*

누구든 이전에 방일했어도
이후에 방일하지 않는다면
그는 세상에 빛을 줄 것이다.
마치 구름에서 벗어난 달처럼.

yo ca pubbe pamajjitvā, pacchā so nappamajjati |
somaṁ lokaṁ pabhāseti, abbhā muttova candimā ||

人前爲過 後止不犯 是照世間 如月雲消

*Dh. 173.*

누구든 예전에 지었던 악업(惡業)
선업(善業)으로 모조리 덮어버리면
그는 세상에 빛을 줄 것이다.
마치 구름에서 벗어난 달처럼.

yassa pāpaṁ kataṁ kammaṁ, kusalena pithīyati |
somaṁ lokaṁ pabhāseti, abbhā muttova candimā ||

人前爲惡 以善滅之 是照世間 如月雲消

*Dh. 174.*

세상에는 눈먼 장님뿐이다.
통찰하여 보는 자는 드물다.
그물에서 벗어난 새처럼
천상(天上)으로 가는 자는 드물다.

andhabhūto ayaṁ loko, tanukettha vipassati |
sakuṇo jālamuttova, appo saggāya gacchati ||

痴覆天下 貪令不見 邪疑却道 若愚行是

## *Dh. 175.*

백조가 하늘로 날아가듯이
신통력으로 허공을 날아가듯이
마라와 그 군대를 물리치고
현자는 세간에서 멀리 떠나간다.

haṁsādiccapathe yanti, ākāse yanti iddhiyā |
nīyanti dhīrā lokamhā, jetvā māraṁ savāhiṇiṁ ||

如鴈將群 避羅高翔 明人導世 度脫邪衆

## Dh. 176.

하나의 가르침을 저버리고◆
거짓말을 하는 사람
다음 세상을 포기한 그에게는
저지르지 못할 악행이 없다.

ekaṁ dhammaṁ atītassa, musāvādissa jantuno |
vitiṇṇaparalokassa, natthi pāpaṁ akāriyaṁ ||

一法脫過 謂妄語人 不免後世 靡惡不更

◆ 여기에서 '하나의 가르침'은 거짓말하지 말라는 가르침이다.

## *Dh. 177.*

인색한 자들은 천계(天界)에 이르지 못하고
어리석은 자들은 보시(布施)를 찬탄하지 않는다.
현자는 보시하기 좋아하나니
그로 인해 이후에 행복해진다.

na ve kadariyā devalokaṁ vajanti,
bālā have nappasaṁsantidānaṁ |
dhīro ca dānaṁ anumodamāno,
teneva so hoti sukhī parattha ||

愚不修天行 亦不譽布施 信施助善者 從是到彼安

*Dh. 178.*

땅덩어리 혼자서 다스리는 것보다
천상의 세계에 가는 것보다
모든 세상을 지배하는 것보다
수다원과(須陀洹果)◆가 더 훌륭하다.

pathavyā ekarajjena, saggassa gamanena vā |
sabbalokādhipaccena, sotāpattiphalaṁ varaṁ ||

夫求爵位財 尊貴升天福 辯慧世間悍 斯聞爲第一

◆ 사문4과(沙門四果) 가운데 첫 단계로서 열반을 얻는 길에 들어선 단계를 의미한다.

# 14

## 붓다-왁가

## Buddha-vagga

# 술불품

## 述佛品

## *Dh. 179.*

그분의 승리는 능가할 수 없다.
세간에 그보다 큰 승리는 없다.
깨달으신 그분의 끝없는 경계(境界)
말길 끊겼는데 어떤 말로 이해할까?♦

yassa jitaṁ nāvajīyati,
jitaṁ assa no yāti koci loke |
taṁ buddhamanantagocaraṁ,
apadaṁ kena padena nessatha ||

已勝不受惡 一切勝世間 叡智廓無疆 開曚令入道

♦ 'apadaṁ kena padena nessatha'의 번역. 'padaṁ'은 문자(文字)나 어구(語句)를 의미한다.

*Dh. 180.*

그에게는 어디에도 존재로 이끄는
집착과 갈애(渴愛)의 그물이 없다.
깨달으신 그분의 끝없는 경계
말길 끊겼는데 어떤 말로 이해할까?

yassa jālinī visattikā,
taṇhā natthi kuhiñci netave |
taṁ buddhamanantagocaraṁ,
apadaṁ kena padena nessatha ||

決網無罣礙 愛盡無所積 佛意深無極 未踐跡令踐

## *Dh. 181.*

선정수행에 전념하는 현자들은
세간을 버리고 적정을 즐긴다.
주의집중 확립한 바르게 깨친 분들
그분들은 천신들도 부러워한다.

ye jhānapasutā dhīrā, nekkhammūpasame ratā |
devāpi tesaṁ pihayanti, sambuddhānaṁ satīmataṁ ||

勇健立一心 出家日夜滅 根斷無欲意 學正念清明

## *Dh. 182.*

인간의 몸을 받아 태어나기 어렵고
죽어가는 인간이 살아가기 어렵고
사는 동안 정법(正法)을 듣기 어렵고
사는 동안 붓다가 출현하기 어렵다.

kiccho manussapaṭilābho,
kicchaṁ maccāna jīvitaṁ |
kicchaṁ saddhammasavanaṁ,
kiccho buddhānamuppādo ||

得生人道難 生壽亦難得 世間有佛難 佛法難得聞

*Dh. 183.*

악행은 어떤 것도 행하지 말고
선행은 빠짐없이 받들어 행하여
자신의 마음을 청정하게 하는 것이
삼세(三世) 모든 부처님의 가르침이다.

sabbapāpassa akaraṇaṁ, kusalassa upasampadā |
sacittapariyodapanaṁ, etaṁ buddhāna sāsanaṁ ||

諸惡莫作 諸善奉行 自淨其意 是諸佛教

*Dh. 184.*

참고 용서하는 것이 최고의 고행이다.
모든 붓다 열반을 최고라고 말한다.
남을 해치지 않는 것이 출가자다.
남을 괴롭히지 않는 것이 사문이다.

khantī paramaṁ tapo titikkhā,
nibbānaṁ paramaṁ vadanti buddhā |
na hi pabbajito parūpaghātī,
na samaṇo hoti paraṁ viheṭhayanto ||

觀行忍第一 佛說泥洹最 捨罪作沙門 無嬈害於彼

*Dh. 185.*

비난하지 말고 해치지 말라!
계율(戒律)을 철저하게 잘 지켜라!
식사할 때 적절한 양을 알라!
외딴곳에 홀로 앉아서
전념하여 선정을 닦아라!
이것이 부처님의 가르침이다.

anūpavādo anūpaghāto, pātimokkhe ca saṁvaro |
mattaññutā ca bhattasmiṁ, pantañca sayanāsanaṁ |
adhicitte ca āyogo, etaṁ buddhāna sāsanaṁ ||

不嬈亦不惱 如戒一切持 少食捨身貪
有行幽隱處 意諦以有黠 是能奉佛教

## *Dh. 186.*

금화(金貨)가 비처럼 쏟아진다 해도
그것으로 욕망은 채워지지 않는다.
채워지지 않는 욕망 괴로움이다.
현자는 이렇게 알아야 한다.

na kahāpaṇavassena, titti kāmesu vijjati |
appassādā dukhā kāmā, iti viññāya paṇḍito ||

天雨七寶 欲猶無厭 樂少苦多 覺者爲賢

*Dh. 187.*

바르게 깨달은 분의 제자는
천상에서 쾌락을 누리는 것을
결코 기뻐하지 아니하고
갈애 소멸하는 것을 기뻐한다.

api dibbesu kāmesu, ratiṁ so nādhigacchati |
taṇhakkhayarato hoti, sammāsambuddhasāvako ||

雖有天欲 慧捨無貪 樂離恩愛 爲佛弟子

## *Dh. 188.*

두려움에 떠는 사람들은
대부분 산속과 숲속을
사원(寺院)이나 신성한 나무를
피난처로 삼는다.

bahuṁ ve saraṇaṁ yanti, pabbatāni vanāni ca |
ārāmarukkhacetyāni, manussā bhayatajjitā ||

或多自歸 山川樹神 廟立圖像 祭祠求福

*Dh. 189.*

그곳은 안온(安穩)한 피난처가 아니다.
최상의 피난처는 더욱 아니다.
그런 곳을 피난처로 삼는 사람은
모든 괴로움에서 벗어나지 못한다.

netaṁ kho saraṇaṁ khemaṁ, netaṁ saraṇamuttamaṁ |
netaṁ saraṇamāgamma, sabbadukkhā pamuccati ||

自歸如是 非吉非上 彼不能來 度我衆苦

*Dh. 190.*

누구든 붓다와 붓다의 가르침
그리고 상가[僧伽]를 피난처로 삼으면
거룩한 네 가지 진리를
바른 통찰지[般若]로 보게 된다.

yo ca buddhañca dhammañca, saṅghañca saraṇaṁ gato |
cattāri ariyasaccāni, sammappaññāya passati ||

如有自歸 佛法聖衆 道德四諦 必見正慧

*Dh. 191.*

괴로움[苦]과 괴로움의 쌓임[苦集]
그리고 괴로움의 사라짐[苦滅]과
괴로움의 적멸에 이르는
여덟 가지 거룩한 길[八正道]

dukkhaṁ dukkhasamuppādaṁ, dukkhassa ca atikkamaṁ |
ariyaṁ aṭṭhaṅgikaṁ maggaṁ, dukkhūpasamagāminaṁ ||

生死極苦 從諦得度 度世八道 斯除衆苦

*Dh. 192.*

이것이 진정으로 안온한 피난처다.
이것이 진정으로 최상의 피난처다.
이것을 피난처로 삼는 사람은
모든 괴로움에서 벗어난다.

etaṁ kho saraṇaṁ khemaṁ, etaṁ saraṇamuttamaṁ |
etaṁ saraṇamāgamma, sabbadukkhā pamuccati ||

自歸三尊 最吉最上 唯獨有是 度一切苦

*Dh. 193.*

존귀한 사람은 얻기 어렵다.
아무 데서나 태어나지 않는다.
그런 현자가 태어난 가문은
행복하고 길이 번영한다.

dullabho purisājañño, na so sabbattha jāyati |
yattha so jāyati dhīro, taṁ kulaṁ sukhamedhati ||

明人難値 亦不比有 其所生處 族親蒙慶

*Dh. 194.*

붓다가 세상에 오신 것은 행운이다.
바른 가르침을 펴신 것은 행운이다.
상가가 화합하는 것은 행운이다.
화합하여 수행하는 것은 행운이다.

sukho buddhānamuppādo, sukhā saddhammadesanā |
sukhā saṅghassa sāmaggī, samaggānaṁ tapo sukho ||

諸佛興快 說經道快 衆聚和快 和則常安

## *Dh. 195.*

마땅히 공경해야 할 사람들
희론(戱論)에서 벗어나♦
근심과 슬픔을 극복한
붓다와 그의 제자들을 공경하라!

pūjārahe pūjayato, buddhe yadi va sāvake |
papañcasamatikkante, tiṇṇasokapariddave ||

見諦淨無穢 已度五道淵 佛出照世間 爲除衆憂苦

♦ 'papañcasamatikkante'의 번역. 『맛지마 니까야』 18. Madhupiṇḍika-sutta에 의하면, 희론(戱論)으로 번역한 'papañca'는 '대상을 개념적으로 인식하고 논리적으로 추리(推理)하여 만든 이론(理論)'을 의미한다.

*Dh. 196.*

번뇌가 소멸하여 두려움 없는
그런 사람들을 공경하면
그 공덕은 여기에서
그 누구도 헤아릴 수 없다.

te tādise pūjayato, nibbute akutobhaye |
na sakkā puññaṁ saṅkhātuṁ, imettamiti kenaci ||

士如中正 志道不慳 利哉斯人 自歸佛者

# 15

## 쑤카-왁가

## Sukha-vagga

# 안녕품

# 安
# 寧
# 品

*Dh. 197.*

우리는 진정으로 행복하게 살자!
원한으로 가득 찬 세상에서 원한 없이
원한을 품고 사는 사람들 속에서
우리는 원한 없이 행복하게 살아가자!

susukhaṁ vata jīvāma, verinesu averino |
verinesu manussesu, viharāma averino ||

我生已安 不慍於怨 衆人有怨 我行無怨

*Dh. 198.*

우리는 진정으로 행복하게 살자!
고통으로 가득 찬 세상에서 고통 없이
고통을 품고 사는 사람들 속에서
우리는 고통 없이 행복하게 살아가자!

susukhaṁ vata jīvāma, āturesu anāturā |
āturesu manussesu, viharāma anāturā ||

我生已安 不病於病 衆人有病 我行無病

## *Dh. 199.*

우리는 진정으로 행복하게 살자!
탐욕으로 가득 찬 세상에서 탐욕 없이
탐욕을 품고 사는 사람들 속에서
우리는 탐욕 없이 행복하게 살아가자!

susukhaṁ vata jīvāma, ussukesu anussukā |
ussukesu manassesu, viharāma anussukā ||

我生已安 不慼於憂 衆人有憂 我行無憂

*Dh. 200.*

우리는 진정으로 행복하게 살자!
실로 어떤 것도 가진 것 없이
광음천(光音天)에 사는 천신들처럼
기쁨을 음식 삼아 행복하게 살아가자!

susukhaṁ vata jīvāma, yesaṁ no natthi kiñcanaṁ |
pītibhakkhā bhavissāma, devā ābhassarā yathā ||

我生已安 淸淨無爲 以樂爲食 如光音天

*Dh. 201.*

승리는 원한을 낳고
패자는 고통 속에 살아간다.
승패(勝敗)를 떠나 경쟁하지 않는
고요한 사람은 행복하게 살아간다.

jayaṁ veraṁ pasavati, dukkhaṁ seti parājito |
upasanto sukhaṁ seti, hitvā jayaparājayaṁ ||

勝則生怨 負則自鄙 去勝負心 無爭自安

## *Dh. 202.*

탐욕보다 더한 불길은 없고
분노보다 더한 죄악은 없다.
오온(五蘊)보다 더한 괴로움 없고♦
적정을 넘어서는 즐거움 없다.♦♦

natthi rāgasamo aggi, natthi dosasamo kali |
natthi khandhasamā dukkhā, natthi santiparaṁ sukhaṁ ||

熱無過婬 毒無過怒 苦無過身 樂無過滅

♦ 'khandhasamā'의 'khandha'는 중생들이 자아로 취하고 있는 오온을 의미한다. 오온을 자아로 취하고 사는 삶보다 더 괴로운 삶은 없다는 뜻이다.

♦♦ '적정'으로 번역한 'santi'는 오온을 자아로 취하는 망상이 사라진 고요한 상태, 즉 열반을 의미한다.

## *Dh. 203.*

으뜸가는 질병은 배고픔이고
으뜸가는 괴로움은 자아를 만드는 삶이다.◆
이것을 여실(如實)하게 알고 성취한
열반이 으뜸가는 행복이다.

jighacchāparamā rogā, saṅkhārāparamā dukhā |
etaṁ ñatvā yathābhūtaṁ, nibbānaṁ paramaṁ sukhaṁ ||

飢爲大病 行爲最苦 已諦知此 泥洹最樂

◆ 'saṅkhāra'는 한역에서 '행(行)'으로 번역하는 말로서 유위를 조작하는 행위를 의미한다. 구체적으로는 '오온을 조작하는 행위'를 의미한다. 앞의 게송에서 언급한 'khandha'는 'saṅkhāra'에 의해서 조작된 유위이다.

## *Dh. 204.*

건강이 으뜸가는 이익이고
만족이 으뜸가는 재산이다.
신뢰가 으뜸가는 친지이고
열반이 으뜸가는 행복이다.

ārogyaparamā lābhā, santuṭṭhiparamaṁ dhanaṁ |
vissāsaparamā ñātī, nibbānaṁ paramaṁ sukhaṁ ||

無病最利 知足最富 厚爲最友 泥洹最樂

*Dh. 205.*

세속 떠나 사는[遠離] 맛을 보고
고요한 마음의 맛을 보고
법열의 맛을 본 사람은
근심과 죄악에서 벗어난다.

pavivekarasaṁ pitvā, rasaṁ upasamassa ca |
niddaro hoti nippāpo, dhammapītirasaṁ pivaṁ ||

解知念待味 思將休息義 無熱無饑想 當服於法味

*Dh. 206.*

거룩한 분 뵙는 것은 좋은 일이다.
그런 분과 함께 살면 항상 즐겁다.
어리석은 자들을 보지 않는다면
이 또한 언제나 즐겁지 않겠는가!

sādhu dassanamariyānaṁ, sannivāso sadā sukho |
adassanena bālānaṁ, niccameva sukhī siyā ||

見聖人快 得依附快 得離愚人 爲善獨快

*Dh. 207.*

어리석은 자와 교제하는 사람은
긴 세월을 근심하며 살게 된다.
어리석은 자와 살면 언제나 괴롭다.
적과 함께 사는 것과 다름이 없다.
현명한 분과 살면 언제나 즐겁다.
친족과 사는 것과 다름이 없다.

bālasaṅgatacārī hi, dīghamaddhānaṁ socati |
dukkho bālehi saṁvāso, amitteneva sabbadā |
dhīro ca sukhasaṁvāso, ñātīnaṁva samāgamo ||

與愚同居難 猶與怨同處 當選擇共居 如與親親會

*Dh. 208.*

그러므로 신념 있고 지혜롭고 학식 많고
인내심 있고 독실하고 거룩한 분을
이와 같이 밤하늘의 달과 같은
현명한 참사람을 따라야 한다.

tasmā hi dhīrañca paññañca bahussutañca,
dhorayhasīlaṁ vatavantamariyaṁ |
taṁ tādisaṁ sappurisaṁ sumedhaṁ,
bhajetha nakkhattapathaṁva candimā ||

是故事多聞 并及持戒者 如是人中上 如月在衆星

# 16

## 삐야-왁가

Piya-vagga

# 호희품

好
喜
品

*Dh. 209.*

전념(專念)해선 안 될 것에 전념하고
전념할 것에 전념하지 않는 자는
즐거움을 탐하여 목표를 버린 후에
자기에 전념하는 사람을 부러워한다.

ayoge yuñjamattānaṁ, yogasmiñca ayojayaṁ |
atthaṁ hitvā piyaggāhī, pihetattānuyoginaṁ ||

違道則自順 順道則自違 捨義取所好 是爲順愛欲

*Dh. 210.*

언제나 사랑에 빠지지 말고
미움에 빠져들지도 말라!
사랑하는 사람은 못 보면 괴롭고
미워하는 사람은 보면 괴롭다.

mā piyehi samāgañchi, appiyehi kudācanaṁ |
piyānaṁ adassanaṁ dukkhaṁ, appiyānañca dassanaṁ ||

不當趣所愛 亦莫有不愛 愛之不見憂 不愛見亦憂

## *Dh. 211.*

그러므로 사랑을 만들지 말라!
사랑과의 이별은 몹쓸 짓이다.
사랑과 미움이 없는 사람들
그들에게는 속박이 없다.

tasmā piyaṁ na kayirātha, piyāpāyo hi pāpako |
ganthā tesaṁ na vijjanti, yesaṁ natthi piyāppiyaṁ ||

是以莫造愛 愛憎惡所由 已除縛結者 無愛無所憎

## *Dh. 212.*

애착에서♦ 근심이 생기고
애착에서 두려움이 생긴다.
애착에서 벗어난 사람에게는
근심과 두려움이 어디에도 없다.

piyato jāyatī soko, piyato jāyatī bhayaṁ |
piyato vippamuttassa, natthi soko kuto bhayaṁ ||

好樂生憂 好樂生畏 無所好樂 何憂何畏

♦ 'piyato'의 번역.

*Dh. 213.*

애정에서◆ 근심이 생기고
애정에서 두려움이 생긴다.
애정에서 벗어난 사람에게는
근심과 두려움이 어디에도 없다.

pemato jāyatī soko, pemato jāyatī bhayaṁ |
pemato vippamuttassa, natthi soko kuto bhayaṁ ||

愛喜生憂 愛喜生畏 無所愛喜 何憂何畏

◆ 'pemato'의 번역.

## *Dh. 214.*

집착에서♦ 근심이 생기고
집착에서 두려움이 생긴다.
집착에서 벗어난 사람에게는
근심과 두려움이 어디에도 없다.

ratiyā jāyatī soko, ratiyā jāyatī bhayaṁ |
ratiyā vippamuttassa, natthi soko kuto bhayaṁ ||

愛樂生憂 愛樂生畏 無所愛樂 何憂何畏

♦ 'ratiyā'의 번역.

## *Dh. 215.*

욕망에서♦ 근심이 생기고
욕망에서 두려움이 생긴다.
욕망에서 벗어난 사람에게는
근심과 두려움이 어디에도 없다.

kāmato jāyatī soko, kāmato jāyatī bhayaṁ |
kāmato vippamuttassa, natthi soko kuto bhayaṁ ||

愛欲生憂 愛欲生畏 無所愛欲 何憂何畏

♦ 'kāmato'의 번역.

## *Dh. 216.*

갈애에서♦ 근심이 생기고
갈애에서 두려움이 생긴다.
갈애에서 벗어난 사람에게는
근심과 두려움이 어디에도 없다.

taṇhāya jāyatī soko, taṇhāya jāyatī bhayaṁ |
taṇhāya vippamuttassa, natthi soko kuto bhayaṁ ||

貪欲生憂 貪欲生畏 無所貪欲 何憂何畏

♦ 'taṇhāya'의 번역.

*Dh. 217.*

계행과 통찰을 갖추고
바르게 진리를 알아
자신의 일을 행하면
사람들은 그를 사랑한다.

sīladassanasampannaṁ, dhammaṭṭhaṁ saccavādinaṁ |
attano kamma kubbānaṁ, taṁ jano kurute piyaṁ ||

貪法戒成 至誠知慚 行身近道 爲衆所愛

## *Dh. 218.*

말길 끊어진 곳에 의욕이 생겨♦
거기에 마음이 사무쳐서
쾌락에 마음이 묶이지 않으면
흐름을 거슬러 간다고 말한다.

chandajāto anakkhāte, manasā ca phuṭo siyā |
kāmesu ca appaṭibaddhacitto, uddhaṁsototi vuccati ||

欲能不出 思正乃語 心無貪愛 必截流渡

♦ '말길 끊어진 곳'으로 번역한 'anakkhāte'는 '언설로 표현할 수 없는'의 의미로서 깨달음의 경지를 의미한다.

## *Dh. 219.*

오랫동안 고향을 떠난 사람이
멀리서 안전하게 돌아오면
가족과 친지와 친구들이
그의 귀향을 기뻐한다.

cirappavāsiṁ purisaṁ, dūrato sotthimāgataṁ |
ñātimittā suhajjā ca, abhinandanti āgataṁ ||

譬人久行 從遠吉還 親厚普安 歸來歡喜

*Dh. 220.*

이와 같이 공덕을 지은 사람이
이 세상을 떠나 저세상에 가면
귀향을 기뻐하는 친지들처럼
공덕이 그를 반갑게 맞이한다.

tatheva katapuññampi, asmā lokā paraṁ gataṁ |
puññāni paṭigaṇhanti, piyaṁ ñātīva āgataṁ ||

好行福者 從此到彼 自受福祚 如親來喜

# 17

꼬다-왁가

Kodha-vagga

# 분노품

忿
怒
品

*Dh. 221.*

분노를 내려놓고 교만을 버려라!
모든 속박에서 벗어나라!
이름과 형색[名色]에 집착하지 않으면
어떤 괴로움도 따르지 않는다.

kodhaṁ jahe vippajaheyya mānaṁ,
saṁyojanaṁsabbamatikkameyya |
taṁ nāmarūpasmimasajjamānaṁ,
akiñcanaṁ nānupatanti dukkhā ||

捨恚離慢 避諸愛貪 不着名色 無爲滅苦

*Dh. 222.*

요동치는 마차를 제어하듯이
치미는 분노를 다스리는 사람
나는 그를 마부(馬夫)라고 부른다.
다른 사람은 단지 고삐잡이다.

yo ve uppatitaṁ kodhaṁ, rathaṁ bhantaṁva dhāraye |
tamahaṁ sārathiṁ brūmi, rasmiggāho itaro jano ||

恚能自制 如止奔車 是爲善御 棄冥入明

*Dh. 223.*

분노를 이기려면 분노를 버려라!
악(惡)을 이기려면 선(善)을 행하라!
인색(吝嗇)을 이기려면 보시를 행하라!
거짓말을 이기려면 진실을 말하라!

akkodhena jine kodhaṁ, asādhuṁ sādhunā jine |
jine kadariyaṁ dānena, saccenālikavādinaṁ ||

忍辱勝恚 善勝不善 勝者能施 至誠勝欺

*Dh. 224.*

진실을 말하고 성내지 말라!
가진 것 없어도 청하면 베풀라!
이들 세 가지 일을 행하면
천신들의 세계로 가게 되리라.

saccaṁ bhaṇe na kujjheyya, dajjāppasmiṁpi yācito |
etehi tīhi ṭhānehi, gacche devānaṁ santike ||

不欺不怒 意不多求 如是三事 死則上天

*Dh. 225.*

언제나 자신을 제어하고
폭력을 내려놓은 성자들은
그곳에 가면 근심이 없는
불사의 경지에 들어간다.

ahiṁsakā ye munayo, niccaṁ kāyena saṁvutā |
te yanti accutaṁ ṭhānaṁ, yattha gantvā na socare ||

常自攝身 慈心不殺 是生天上 到彼無憂

*Dh. 226.*

항상 깨어 있으면서
밤낮으로 공부하고
열반에 전념하면
번뇌가 사라진다.

sadā jāgaramānānaṁ, ahorattānusikkhinaṁ |
nibbānaṁ adhimuttānaṁ, atthaṁ gacchanti āsavā ||

意常覺寤 明慕勤學 漏盡意解 可致泥洹

## *Dh. 227.*

이것은 어제오늘 일이 아니다.
아뚤라(Atula)여! 이것은 오래된 일이다.
사람들은 침묵해도 비난하고
많은 말을 해도 비난하고
간략한 말을 해도 비난한다.
비난받지 않을 사람 세상에 없다.

porāṇametaṁ atula, netaṁ ajjatanāmiva |
nindanti tuṇhimāsīnaṁ, nindanti bahubhāṇinaṁ |
mitabhāṇimpi nindanti, natthi loke anindito ||

人相謗毀 自古至今 旣毀多言 又毀訥訒 亦毀中和 世無不毀

*Dh. 228.*

오로지 비난만 받는 사람도
오로지 칭찬만 받는 사람도
지금 세상에는 존재하지 않는다.
전에도 없었고 앞으로도 없을 것이다.

na cāhu na ca bhavissati, na cetarahi vijjati |
ekantaṁ nindito poso, ekantaṁ vā pasaṁsito ||

欲意非聖 不能制中 一毀一譽 但爲利名

## *Dh. 229.*

지혜와 계행과 선정수행이
흠잡을 데 없는 현명한 사람
현자들은 언제나♦ 이런 사람을
알아보고 칭찬한다.

yaṁ ce viññū pasaṁsanti, anuvicca suve suve |
acchiddavuttiṁ medhāviṁ, paññāsīlasamāhitaṁ ||

多聞能奉法 智慧常定意 如彼閻浮金 孰能說有瑕

♦ 'suve suve'의 번역. 원뜻은 '날마다'인데, 여기에서는 '언제나'로 번역함.

*Dh. 230.*

염부단금(閻浮檀金)으로 만든 금화 같은
그를 누가 비난할 수 있으리오!
범천도 그를 칭찬하고
천신들도 그를 칭찬한다.

nikkhaṁ jambonadasseva, ko taṁ ninditumarahati |
devāpi naṁ pasaṁsanti, brahmunāpi pasaṁsito ||

如羅漢淨 莫而誣謗 諸天咨嗟 梵釋所稱

## *Dh. 231.*

분노로부터 몸을 지키고
항상 행동을 제어해야 한다.
몸으로 짓는 악행을 버리고
몸으로 선행을 행해야 한다.

kāyappakopaṁ rakkheyya, kāyena saṁvuto siyā |
kāyaduccaritaṁ hitvā, kāyena sucaritaṁ care ||

常守慎身 以護瞋恚 除身惡行 進修德行

*Dh. 232.*

분노로부터 입을 지키고
항상 언행(言行)을 제어해야 한다.
말로 짓는 악행을 버리고
말로 선행을 행해야 한다.

vacīpakopaṁ rakkheyya, vācāya saṁvuto siyā |
vacīduccaritaṁ hitvā, vācāya sucaritaṁ care ||

常守愼言 以護瞋恚 除口惡言 誦習法言

*Dh. 233.*

분노로부터 마음을 지키고
항상 마음을 제어해야 한다.
마음으로 짓는 악행을 버리고
마음으로 선행을 행해야 한다.

manopakopaṁ rakkheyya, manasā saṁvuto siyā |
manoduccaritaṁ hitvā, manasā sucaritaṁ care ||

常守慎心 以護瞋恚 除心惡念 思惟念道

*Dh. 234.*

현자들은 행동을 제어하고
현자들은 언행을 제어한다.
현자들은 마음 또한 제어하나니
그들은 실로 잘 제어된 사람이다.

kāyena saṁvutā dhīrā, atho vācāya saṁvutā |
manasā saṁvutā dhīrā, te ve suparisaṁvutā ||

節身愼言 守攝其心 捨恚行道 忍辱最强

# 18

말라-왁가

Mala-vagga

# 진구품

塵

垢

品

*Dh. 235.*

그대는 지금 낙엽 같은 신세다.
저승사자들이♦ 그대 옆에 서 있다.
죽음의 문턱에 서 있는 그대는
가야 할 길조차 모르는구나!

paṇḍupalāsovadānisi, yamapurisāpi ca te upaṭṭhitā |
uyyogamukhe ca tiṭṭhasi, pātheyyampi ca te na vijjati ||

生無善行 死墮惡道 往疾無間 到無資用

♦ 'yamapurisā'의 번역.

*Dh. 236.*

자신을 등불로 삼아라!
부지런히 정진하여 현자가 되어라!
더러운 때를 씻고 번뇌에서 벗어나면
내세에 성인의 경지에 들어간다.

so karohi dīpamattano, khippaṁ vāyama paṇḍito bhava |
niddhantamalo anaṅgaṇo, dibbaṁ ariyabhūmiṁ ehisi ||

當求智慧 以然意定 去垢勿垢 可離苦形

## *Dh. 237.*

그대는 지금 황혼(黃昏)에 이르렀다.
염라대왕 앞으로♦ 길을 떠났다.
도중에 머물 곳 없는 그대는
가야 할 길조차 모르는구나!

upanītavayo cadānisi, sampayātosi yamassa santike |
vāso te natthi antarā, pātheyyampi ca te na vijjati ||

汝今壽命行已終 汝已移步近閻魔
道中旣無停息處 旅途汝亦無資糧

♦ 'yamassa santike'의 번역. 저승세계의 신 'yama'를 '염라대왕'으로 번역함.

## *Dh. 238.*

자신을 등불로 삼아라!
부지런히 정진하여 현자가 되어라!
더러운 때를 씻고 번뇌에서 벗어나면
다시는 태어나서 늙지 않는다.

so karohi dīpamattano, khippaṁ vāyama paṇḍito bhava |
niddhantamalo anaṅgaṇo, na puna jātijaraṁ upehisi ||

汝宜自造安全洲 迅速精勤爲智者
拂除塵垢無煩惱 不復重來生與老

## *Dh. 239.*

현자는 차례차례
매 순간 조금씩
세공사가 은을 다듬듯
자신의 때를 벗겨내야 한다.

anupubbena medhāvī, thokathokaṁ khaṇe khaṇe |
kammāro rajatasseva, niddhame malamattano ||

慧人以漸 安徐稍進 洗除心垢 如工鍊金

## *Dh. 240.*

쇠에서 생긴 녹이
쇠에서 나와 쇠를 먹듯이
많은 죄를 지은 자는
그의 업이 그를 고통으로 끌고 간다.

ayasāva malaṁ samuṭṭhitaṁ, taduṭṭhāya tameva khādati |
evaṁ atidhonacārinaṁ, sakakammāni nayanti duggatiṁ ||

惡生於心 還自壞形 如鐵生垢 反食其身

## *Dh. 241.*

경구(經句)는 독송하지 않으면 잊혀지고
집은 소홀히 관리하면 훼손된다.
게으른 사람은 얼굴에 때가 끼고
방일한 사람은 마음에 때가 낀다.♦

asajjhāyamalā mantā, anuṭṭhānamalā gharā |
malaṁ vaṇṇassa kosajjaṁ, pamādo rakkhato malaṁ ||

不誦爲言垢 不勤爲家垢 不嚴爲色垢 放逸爲事垢

♦ ‘pamādo rakkhato malaṁ’의 번역. 원뜻은 ‘방일한 사람은 때를 보호한다’이다.

## *Dh. 242.*

부정(不淨)한 행실은 여인을 더럽히고
인색한 마음은 시주(施主)♦를 더럽힌다.
사악한 행실은 이 세상은 물론
실로 저세상까지도 더럽힌다.

malitthiyā duccaritaṁ, maccheraṁ dadato malaṁ |
malā ve pāpakā dhammā, asmiṁ loke paramhi ca ||

慳爲惠施垢 不善爲行垢 今世亦後世 惡法爲常垢

♦ 'dadato'의 번역. 원뜻은 '보시하는 사람'인데, 불교에서 보시하는 사람을 칭하는 '시주'로 번역함.

*Dh. 243.*

더러운 것 중에서도 가장 더러운
무명(無明)이 으뜸가는 더러움이다.
비구들은 더러운 무명 버리고
더러움 없이 살아야 한다.

tato malā malataraṁ, avijjā paramaṁ malaṁ |
etaṁ malaṁ pahantvāna, nimmalā hotha bhikkhavo ||

垢中之垢 莫甚於癡 學當捨惡 比丘無垢

## *Dh. 244.*

부끄러움 버린 사람 참 쉽게 산다.
당돌한 까마귀처럼 무례하고
천방지축 무모하게 뛰어들어
더러움을 뒤집어쓰고 살아간다.

sujīvaṁ ahirikena, kākasūrena dhaṁsinā |
pakkhandinā pagabbhena, saṁkiliṭṭhena jīvitaṁ ||

苟生無恥 如烏長喙 强顔耐辱 名曰穢生

## *Dh. 245.*

부끄러움 아는 사람 어렵게 산다.
언제나 청정한 삶을 추구한다.
신중하게 생각하며 부지런히
청정하게 살면서 통찰한다.

hirīmatā ca dujjīvaṁ, niccaṁ sucigavesinā |
alīnenāppagabbhena, suddhājīvena passatā ||

廉恥雖苦 義取淸白 避辱不妄 名曰潔生

*Dh. 246.*

생명을 죽이고
거짓말하고
주지 않는 것을 취하고
남의 아내를 범하고

yo pāṇamatipāteti, musāvādañca bhāsati |
loke adinnamādiyati, paradārañca gacchati ||

愚人好殺 言無誠實 不與而取 好犯人婦

*Dh. 247.*

술을 마시고 취하는
이런 일에 몰두하는 자
이런 자는 이 세상에서
자신의 뿌리를 파내는 자다.

surāmerayapānañca, yo naro anuyuñjati |
idhevameso lokasmiṁ, mūlaṁ khaṇati attano ||

逞心犯戒 迷惑於酒 斯人世世 自掘身本

## *Dh. 248.*

사람들아! 그대들은 알아야 한다.
자제하지 않는 것이 악행이다.
탐욕과 악행◆이 오랜 세월 지나도록
그대들을 괴롭히지 않도록 하라!

evaṁ bho purisa jānāhi, pāpadhammā asaññatā |
mā taṁ lobho adhammo ca, ciraṁ dukkhāya randhayuṁ ||

人如覺是 不當念惡 愚近非法 久自燒沒

◆ 'adhammo'의 번역. 원뜻은 '비법(非法)'이며, 옳지 못한 행실을 의미하므로 '악행'으로 번역함.

## *Dh. 249.*

보시하는 사람은 믿음을 가지고
기쁜 마음으로 보시한다.
남이 준 음식에 불만을 갖는 자는
낮이나 밤이나 삼매에 들지 못한다.

dadāti ve yathāsaddhaṁ, yathāpasādanaṁ jano |
tattha yo maṅku bhavati, paresaṁ pānabhojane |
na so divā vā rattiṁ vā, samādhimadhigacchati ||

若信布施 欲揚名譽 會人虛飾 非入淨定

*Dh. 250.*

그런 불만을 뿌리 뽑아
근절하고 제거한 사람은
낮이나 밤이나
삼매에 든다.

yassa cetaṁ samucchinnaṁ, mūlaghaccaṁ samūhataṁ |
sa ve divā vā rattiṁ vā, samādhimadhigacchati ||

一切斷欲 截意根原 晝夜守一 必入定意

## *Dh. 251.*

탐욕보다 더한 불길은 없고
분노보다 더한 악귀(惡鬼)는 없다.♦
어리석음보다 더 질긴 그물은 없고
갈애보다 더 험한 강은 없다.

natthi rāgasamo aggi, natthi dosasamo gaho |
natthi mohasamaṁ jālaṁ, natthi taṇhāsamā nadī ||

火莫熱於婬 捷莫疾於怒 網莫密於癡 愛流駛乎河

♦ 'natthi dosasamo gaho'의 번역. '포획자'라는 뜻의 'gaho'는 사람을 잡아가는 악귀를 의미한다.

*Dh. 252.*

남의 잘못은 보기 쉽지만
자신의 잘못은 보기 어렵다.
남의 잘못 키질하듯 들추어내고♦
자신의 잘못은 깊이 감춘다.
교활한 사기꾼이 주사위를 감추듯이.♦♦

sudassaṁ vajjamaññesaṁ, attano pana duddasaṁ |
paresaṁ hi so vajjāni, opunāti yathā bhusaṁ |
attano pana chādeti, kaliṁva kitavā saṭho ||

善觀己瑕障 使己不露外 彼彼自有隙 如彼飛輕塵

♦ 'opunāti yathā bhusaṁ'의 번역. 키질을 하여 겨는 걷어내고 알곡을 드러내듯이 남의 허물을 들추어낸다는 의미.

♦♦ 'kaliṁva kitavā saṭho'의 번역. 도박판에서 잘못 던져 패배한 주사위를 감추는 것을 의미한다.

*Dh. 253.*

다른 사람 잘못을 찾아내어
항상 성을 내며 비난하면
그에게 번뇌는 늘어나고
번뇌의 소멸은 멀어진다.

paravajjānupassissa, niccaṁ ujjhānasaññino |
āsavā tassa vaḍḍhanti, ārā so āsavakkhayā ||

若己稱無瑕 罪福俱并至 但見外人隙 恒懷危害心

## *Dh. 254.*

허공에는 발자취가 없고
외도(外道) 속에는 수행자가 없다.♦
사람들은 희론을 좋아하지만
여래(如來)는 희론을 없앤 분이다.

ākāseva padaṁ natthi, samaṇo natthi bāhire |
papañcābhiratā pajā, nippapañcā tathāgatā ||

虛空無轍跡 沙門無外意 衆人盡樂惡 唯佛淨無穢

♦ 'samaṇo natthi bāhire'의 번역. 불교 이외에는 참다운 수행자가 있을 수 없다는 의미.

## *Dh. 255.*

허공에는 발자취가 없고
외도 속에는 사문이 없다.
모든 행은 영원한 것이 없고♦
붓다에게는 동요가 없다.

ākāseva padaṁ natthi, samaṇo natthi bāhire |
saṅkhārā sassatā natthi, natthi buddhānamiñjitaṁ ||

虛空無轍跡 沙門無外意 世間皆無常 佛無我所有

♦ 'saṅkhārā sassatā natthi'의 번역. 제행무상(諸行無常)의 의미이다.

# 19

담맛타-왁가

Dhammaṭṭha-vagga

# 봉지품

奉
持
品

*Dh. 256.*

의미를 성급하게 판단하면
바르게 가르침을 이해할 수 없다.
현자는 의미 있는 것과 의미 없는 것
이 둘을 판별할 줄 알아야 한다.

na tena hoti dhammaṭṭho, yenatthaṁ sahasā naye |
yo ca atthaṁ anatthañca, ubho niccheyya paṇḍito ||

好經道者 不競於利 有利無利 無欲不惑

*Dh. 257.*

성급하지 않게 가르침에 의해
바르게 다른 사람들을 인도하고
가르침을 지키는 현자들을
가르침을 이해한 자라고 한다.

asāhasena dhammena, samena nayatī pare |
dhammassa gutto medhāvī, dhammaṭṭhoti pavuccati ||

常愍好學 正心以行 擁懷寶慧 是謂爲道

*Dh. 258.*

많은 말을 한다고
현자가 아니다.
원한 없고 두려움 없는
안온한 사람을 현자라고 한다.

na tena paṇḍito hoti, yāvatā bahu bhāsati |
khemī averī abhayo, paṇḍitoti pavuccati ||

所謂智者 不必辯言 無恐無懼 守善爲智

## Dh. 259.

많은 말을 한다고 가르침을 아는 자♦가 아니다.
배운 것은 적어도 가르침을 부지런히 실천하여
몸으로 가르침을 체험한 사람
그를 가르침을 아는 자라고 한다.

na tāvatā dhammadharo, yāvatā bahu bhāsati |
yo ca appampi sutvāna, dhammaṁ kāyena passati |
sa ve dhammadharo hoti, yo dhammaṁ nappamajjati ||

奉持法者 不以多言 雖素少聞 身依法行 守道不忌 可謂奉法

♦ 'dhammadhāro'의 번역.

## *Dh. 260.*

머리카락 희다고
장로(長老)가 아니다.
나이만 먹은 사람은
헛늙은 이♦라고 한다.

na tena thero so hoti, yenassa palitaṁ siro |
paripakko vayo tassa, moghajiṇṇoti vuccati ||

所謂老者 不必年耆 形熟髮白 惷愚而已

♦ 'moghajiṇṇo'의 번역.

*Dh. 261.*

그에게 진리와 가르침이 있고
비폭력과 자제를 수련하여
모든 허물을 털어버린 현자
이런 분을 장로라고 부른다.

yamhi saccañca dhammo ca, ahiṁsā saṁyamo damo |
sa ve vantamalo dhīro, thero iti pavuccati ||

謂懷諦法 順調慈仁 明遠淸潔 是爲長老

## *Dh. 262.*

말솜씨가 뛰어나거나
용모가 빼어나다고 해도
시기하고 인색하고 교활한 자는
결코 훌륭한 사람이 아니다.

na vākkaraṇamattena, vaṇṇapokkharatāya vā |
sādhurūpo naro hoti, issukī maccharī saṭho ||

所謂端正 非色如花 慳嫉虛飾 言行有違

*Dh. 263.*

그런 것을 뿌리 뽑아
근절하고 제거하여
분노를 내려놓은 현자
그를 훌륭하다고 한다.

yassa cetaṁ samucchinnaṁ, mūlaghaccaṁ samūhataṁ |
sa vantadoso medhāvī, sādhurūpoti vuccati ||

謂能捨惡 根原已斷 慧而無恚 是謂端正

## *Dh. 264.*

삭발했다고 수행자가 아니다.
규범이 없고 거짓말하고
욕망과 탐욕에 빠져 있다면
어찌 수행자라 할 수 있으랴!

na muṇḍakena samaṇo, abbato alikaṁ bhaṇaṁ |
icchālobhasamāpanno, samaṇo kiṁ bhavissati ||

所謂沙門 非必除髮 妄語貪取 有欲如凡

*Dh. 265.*

크고 작은 모든 악행을
대적하여 잠재운 사람
악행을 잠재웠기 때문에
그를 수행자라고 부른다.◆

yo ca sameti pāpāni, aṇuṁ thūlāni sabbaso |
ssamitattā hi pāpānaṁ, samaṇoti pavuccati ||

謂能止惡 恢廓弘道 息心滅意 是爲沙門

◆ 이 게송은 수행자를 의미하는 'samaṇo'와 '조용해진'이라는 의미의 'samitattā'의 발음이 비슷하기 때문에 '사미땃따(samitattā)했기 때문에 사마노(samaṇo)라고 불린다'라고 표현한 것이다. 'samitattā'를 여기에서는 '잠재운'으로 번역했다.

*Dh. 266.*

남들에게 걸식(乞食)을 한다고 해서
그것만으로 비구라고 할 수 없다.
비린내 나는 행실을 지녔다면
그런 사람은 비구라고 할 수 없다.

na tena bhikkhu so hoti, yāvatā bhikkhate pare |
vissaṁ dhammaṁ samādāya, bhikkhu hoti na tāvatā ||

所謂比丘 非時乞食 邪行婬彼 稱名而已

*Dh. 267.*

공덕과 죄악을 멀리하고
청정한 수행을 하면서
조심하며 세간에 유행하면
그를 비구라고 부른다.

yodha puññañca pāpañca, bāhetvā brahmacariyavā |
saṅkhāya loke carati, sa ve bhikkhūti vuccati ||

謂捨罪福 淨修梵行 慧能破惡 是爲比丘

*Dh. 268.*

어리석고 무지한 사람이
침묵한다고 성자가 아니다.
저울로 재듯이 잘 판단하여
최선을 택하는 현자가 성자다.

na monena munī hoti, mūḷharūpo aviddasu |
yo ca tulaṁva paggayha, varamādāya paṇḍito ||

所謂仁明 非口不言 用心不淨 外順而已

## *Dh. 269.*

성자는 악행을 멀리한다.
그렇기 때문에 성자다.
양쪽 세상을 아는 사람◆
그를 성자라고 부른다.◆◆

pāpāni parivajjeti, sa munī tena so muni |
yo munāti ubho loke, munī tena pavuccati ||

謂心無爲 內行淸虛 此彼寂滅 是爲仁明

◆ 'yo munāti ubho loke'의 번역. 양쪽 세상은 이 세상과 저세상을 의미한다.

◆◆ 'muni tena pavuccati'의 번역. 'munāti'하기 때문에 'muni'라고 불린다는 의미.

## *Dh. 270.*

살아 있는 생명을 해친다면
그런 자는 성인이 아니다.
모든 생명을 해치지 않으면
그를 성인이라고 부른다.

na tena ariyo hoti, yena pāṇāni hiṁsati |
ahiṁsā sabbapāṇānaṁ, ariyoti pavuccati ||

所謂有道 非救一物 普濟天下 無害爲道

*Dh. 271.*

단지 계행과 위의(威儀)만으로
또는 많이 배웠다고 해서
삼매를 성취했다고 해서
홀로 떨어져 지낸다고 해서

na sīlabbatamattena, bāhusaccena vā pana |
atha vā samādhilābhena, viviccasayanena vā ||

戒衆不言 我行多誠 得定意者 要由閉損

*Dh. 272.*

"나는 범부들이 누리지 못하는
출리(出離)의 즐거움을 성취했다"고
확신을 보이는 비구는
번뇌의 소멸을 이루지 못한다.

phusāmi nekkhammasukhaṁ, aputhujjanasevitaṁ |
bhikkhu vissāsamāpādi, appatto āsavakkhayaṁ ||

意解求安 莫習凡人 使結未盡 莫能得脫

# 20

## 막가-왁가

## Magga-vagga

# 도행품

## 道行品

*Dh. 273.*

8정도(八正道)가 최상의 길이고
4성제(四聖諦)가 최고의 진리다.
이욕(離欲)이 최고의 가르침이고
눈뜬 분이 최상의 인간이다.◆

maggānaṭṭhaṅgiko seṭṭho, saccānaṁ caturo padā |
virāgo seṭṭho dhammānaṁ, dvipadānañca cakkhumā ||

道爲八直妙 聖諦四句上 無欲法之最 明眼二足尊

◆ 'dvipadānañca cakkhumā'의 번역. 원뜻은 '두 발 달린 존재 가운데 눈 있는 자'이다. 두 발 달린 존재는 인간을 의미하고 눈 있는 자는 붓다를 의미한다.

## *Dh. 274.*

청정한 견해를 갖기 위해서는
이 길 밖에 다른 길은 없다.
실로 그대들이 이 길을 가면
마라가 혼란에 빠질 것이다.

eseva maggo natthañño, dassanassa visuddhiyā |
etañhi tumhe paṭipajjatha, mārassetaṁ pamohanaṁ ||

此道無有餘 見諦之所淨 趣向滅衆苦 此能壞魔兵

*Dh. 275.*

그대들은 이 길을 가서
괴로움을 끝내도록 하라!
나는 화살 뽑는 법을 알아
그 길을 알려주었다.

etañhi tumhe paṭipannā, dukkhassantaṁ karissatha |
akkhāto ve mayā maggo, aññāya sallasanthanaṁ ||

吾已說道 拔愛固刺 宜以自勗 受如來言

*Dh. 276.*

그대들은 열심히 실천해야 한다.
여래는 다만 알려줄 뿐이다.
이 길을 가는 선정수행자들은
마라의 속박을 벗어날 것이다.

tumhehi kiccamātappaṁ, akkhātāro tathāgatā |
paṭipannā pamokkhanti, jhāyino mārabandhanā ||

吾語汝法 愛箭爲射 宜以自勗 受如來言

*Dh. 277.*

"일체의 행은 무상(無常)하다."◆
이렇게 지혜로 통찰하면
괴로움에서 벗어난다.
이것이 청정해지는 길이다.

sabbe saṅkhārā aniccāti, yadā paññāya passati |
atha nibbindati dukkhe, esa maggo visuddhiyā ||

一切行無常 如慧所觀察 若能覺此苦 行道淨其跡

◆ '제행무상'의 의미.

## *Dh. 278.*

"일체의 행은 괴로움이다."◆
이렇게 지혜로 통찰하면
괴로움에서 벗어난다.
이것이 청정해지는 길이다.

sabbe saṅkhārā dukkhāti, yadā paññāya passati |
atha nibbindati dukkhe, esa maggo visuddhiyā ||

一切衆行苦 如慧之所見 若能覺此苦 行道淨其跡

◆ '일체개고(一切皆苦)'의 의미.

*Dh. 279.*

"일체의 법(法)은 무아(無我)다."◆
이렇게 지혜로 통찰하면
괴로움에서 벗어난다.
이것이 청정해지는 길이다.

sabbe dhammā anattāti, yadā paññāya passati |
atha nibbindati dukkhe, esa maggo visuddhiyā ||

一切行無我 如慧之所見 若能覺此苦 行道淨其跡

◆ '제법무아(諸法無我)'의 의미.

## *Dh. 280.*

힘 있는 젊은이가 게으름에 빠져서
일어나야 할 때 일어나지 않고
활기 없이 나태하게 헛생각만 하면
게을러서 지혜로 길을 찾지 못한다.

uṭṭhānakālamhi anuṭṭhāno,
yuvā balī ālasiyaṁ upeto |
saṁsannasaṅkappamano kusīto,
paññāya maggaṁ alaso na vindati ||

應起而不起 恃力不精勤 自陷人形卑 懈怠不解慧

## *Dh. 281.*

언행을 조심하고 마음을 잘 제어하고
몸으로 악행을 저지르지 말고
이들 세 가지 업 청정하게 하여
선인(仙人)이 가르쳐준 길에 매진하라!

vācānurakkhī manasā susaṁvuto,
kāyena ca nākusalaṁ kayirā |
ete tayo kammapathe visodhaye,
ārādhaye maggamisippaveditaṁ ||

愼言守意念 身不善不行 如是三行除 佛說是得道

*Dh. 282.*

마음을 집중해야 지혜가 생긴다.
집중하지 않으면 지혜가 소멸한다.
생기고 없어지는 두 길을 알고서
지혜 늘어나는 길에 자신을 확립하라!

yogā ve jāyatī bhūri, ayogā bhūrisaṅkhayo |
etaṁ dvedhāpathaṁ ñatvā, bhavāya vibhavāya ca |
tathāttānaṁ niveseyya, yathā bhūri pavaḍḍhati ||

念應念則正 念不應則邪 慧而不起邪 思正道乃成

## *Dh. 283.*

한 그루의 나무가 아니라 숲을 베어내라!♦
번뇌의 숲에서 두려움이 생긴다.
번뇌의 숲과 욕망의 덤불을 베어내고
수행자들이여! 열반을 성취하라!

vanaṁ chindatha mā rukkhaṁ, vanato jāyate bhayaṁ |
chetvā vanañca vanathañca, nibbanā hotha bhikkhavo ||

伐樹忽休 樹生諸惡 斷樹盡株 比丘滅度

♦ 하나의 번뇌가 아니라 모든 번뇌를 제거하라는 의미.

## *Dh. 284.*

이성(異性)에 대한♦ 욕망의 덤불을
조금이라도 베어내지 않으면
젖먹이 송아지가 어미를 따르듯이
그의 마음은 이성에게 묶인다.

yāva hi vanatho na chijjati, aṇumattopi narassa nārisu |
paṭibaddhamanova tāva so, vaccho khīrapakova mātari ||

夫不伐樹 少多餘親 心繫於此 如犢求母

♦ 'narassa nārisu'의 번역. 원뜻은 '남자의 여자에 대한'이다.

*Dh. 285.*

가을에 손으로 연꽃을 꺾듯
자신에 대한 애착을 끊어라!
선서(善逝)께서 알려준 열반으로 가는
평화로운 길을 즐겁게 걸어가라!

ucchinda sinehamattano, kumudaṁ sāradikaṁva pāṇinā |
santimaggameva brūhaya, nibbānaṁ sugatena desitaṁ ||

當自斷戀 如秋池蓮 息跡受教 佛說泥洹

## *Dh. 286.*

나는 우안거(雨安居)를 여기에서 보내리라!
겨울과 여름에도 여기에서 살리라!
어리석은 자는 위험을 깨닫지 못하고
한곳에서 살아갈 생각을 한다.◆

idha vassaṁ vasissāmi, idha hemantagimhisu |
iti bālo vicinteti, antarāyaṁ na bujjhati ||

暑當止此 寒當止此 愚多務慮 莫知來變

◆ 한곳에 오래 머물면 집착이 생겨서 그곳에 묶이게 된다는 의미.

*Dh. 287.*

자식과 가축에 도취되어
마음이 사로잡힌 사람은
잠든 마을 홍수가 쓸어가듯
죽음이 그를 붙잡아 간다.

taṁ puttapasusammattaṁ, byāsattamanasaṁ naraṁ |
suttaṁ gāmaṁ mahoghova, maccu ādāya gacchati ||

人營妻子 不觀病法 死命卒至 如水湍驟

## *Dh. 288.*

자식들은 피난처가 아니다.
아버지나 친척들도 아니다.
죽음의 신에게 붙잡힌 자의
친족 가운데는 피난처가 없다.

na santi puttā tāṇāya, na pitā nāpi bandhavā |
antakenādhipannassa, natthi ñātīsu tāṇatā ||

非有子恃 亦非父兄 爲死所迫 無親可怙

*Dh. 289.*

이런 사실을 알고서
현자는 계행을 실천하여
서둘러 열반으로 가는 길을
깨끗하게 닦아야 한다.

etamatthavasaṁ ñatvā, paṇḍito sīlasaṁvuto |
nibbānagamanaṁ maggaṁ, khippameva visodhaye ||

慧解是意 可修經戒 勤行度世 一切除苦

# 21

빠낀나까-왁가

Pakiṇṇaka-vagga

# 광연품

廣

衍

品

*Dh. 290.*

작은 즐거움을 버림으로써
큰 즐거움을 볼 수 있다면
현자는 큰 즐거움을 바라고
작은 즐거움을 버려야 한다.

mattāsukhapariccāgā, passe ce vipulaṁ sukhaṁ |
caje mattāsukhaṁ dhīro, sampassaṁ vipulaṁ sukhaṁ ||

施安雖小 其報彌大 慧從小施 受見景福

*Dh. 291.*

타인에게 고통을 줌으로써
자신의 행복을 바라는 자는
원한관계를 맺음으로써
원한에서 벗어나지 못한다.

paradukkhūpadhānena, attano sukhamicchati |
verasaṁsaggasaṁsaṭṭho, verā so na parimuccati ||

施勞於人 而欲望祐 殃咎歸身 自遘廣怨

*Dh. 292.*

해야 할 일은 하지 않고
해서는 안 될 일을 하는
오만하고 게으른 자들에게
번뇌는 나날이 늘어간다.

yañhi kiccaṁ apaviddhaṁ, akiccaṁ pana kayirati |
unnaḷānaṁ pamattānaṁ, tesaṁ vaḍḍhanti āsavā ||

已爲多事 非事亦造 伎樂放逸 惡習日增

*Dh. 293.*

몸에 대한 주의집중을
항상 잘 실행하여
해서는 안 될 일은 하지 않고
해야 할 일은 놓치지 않는
주의집중하고 알아차리는
사람들에게 번뇌는 사라진다.

yesañca susamāraddhā, niccaṁ kāyagatā sati |
akiccaṁ te na sevanti, kicce sātaccakārino |
satānaṁ sampajānānaṁ, atthaṁ gacchanti āsavā ||

精進惟行 習是捨非 修身自覺 是爲正習

## *Dh. 294.*

어머니 같은 욕망과 아버지 같은 교만
그리고 상견(常見)과 단견(斷見)의
두 왕을 죽이고♦
왕국과 그 추종자를 쳐부수고♦♦
바라문은 근심 없이 지낸다.

mātaraṁ pitaraṁ hantvā, rājāno dve ca khattiye |
raṭṭhaṁ sānucaraṁ hantvā, anīgho yāti brāhmaṇo ||

除其父母緣 王家及二種 遍滅至境土 無垢爲梵志

♦ 원뜻은 '어머니와 아버지 그리고 두 크샤트리아 왕을 죽인 후에'인데, 은유의 의미를 살려서 번역함.

♦♦ '왕국'은 '내육입처(內六入處)'를 의미하고 '추종자'는 '외육입처(外六入處)'를 의미한다. 십이입처(十二入處)를 소멸한다는 의미이다.

*Dh. 295.*

어머니 같은 욕망과 아버지 같은 교만
그리고 학식 있는 두 왕을 죽이고◆
다섯 번째 호랑이를 죽이고◆◆
바라문은 근심 없이 지낸다.

mātaraṁ pitaraṁ hantvā, rājāno dve ca sotthiye |
veyyagghapañcamaṁ hantvā, anīgho yāti brāhmaṇo ||

學先斷母 率君二臣 廢諸營從 是上道人

◆ '학식 있는 두 왕'은 상견을 가진 자와 단견을 가진 자를 의미한다.
◆◆ '다섯 번째 호랑이'는 오개(五蓋) 가운데 의심(疑心)을 의미한다. 다섯 번째 호랑이를 죽인다는 것은 오개를 소멸한다는 의미이다.

## *Dh. 296.*

고따마 제자들은
항상 밝게 깨어 있다.
낮이나 밤이나 항상
붓다에 대해 생각한다.

suppabuddhaṁ pabujjhanti, sadā gotamasāvakā |
yesaṁ divā ca ratto ca, niccaṁ buddhagatā sati ||

能知自覺者 是瞿曇弟子 晝夜當念是 一心歸命佛

## *Dh. 297.*

고따마 제자들은
항상 밝게 깨어 있다.
낮이나 밤이나 항상
가르침에 대해 생각한다.

suppabuddhaṁ pabujjhanti, sadā gotamasāvakā |
yesaṁ divā ca ratto ca, niccaṁ dhammagatā sati ||

善覺自覺者 是瞿曇弟子 晝夜當念是 一心念於法

*Dh. 298.*

고따마 제자들은
항상 밝게 깨어 있다.
낮이나 밤이나 항상
상가[僧伽]에 대해 생각한다.

suppabuddhaṁ pabujjhanti, sadā gotamasāvakā |
yesaṁ divā ca ratto ca, niccaṁ saṅghagatā sati ||

善覺自覺者 是瞿曇弟子 晝夜當念是 一心念於衆

*Dh. 299.*

고따마 제자들은
항상 밝게 깨어 있다.
낮이나 밤이나 항상
몸에 대해 생각한다.

suppabuddhaṁ pabujjhanti, sadā gotamasāvakā |
yesaṁ divā ca ratto ca, niccaṁ kāyagatā sati ||

爲佛弟子 常寤自覺 日暮思禪 樂觀一心

*Dh. 300.*

고따마 제자들은
항상 밝게 깨어 있다.
낮이나 밤이나 항상
비폭력을 좋아한다.

suppabuddhaṁ pabujjhanti, sadā gotamasāvakā |
yesaṁ divā ca ratto ca, ahiṁsāya rato mano ||

爲佛弟子 常寤自覺 日暮慈悲 樂觀一心

## *Dh. 301.*

고따마 제자들은
항상 밝게 깨어 있다.
낮이나 밤이나 항상
수행하기를 좋아한다.

suppabuddhaṁ pabujjhanti, sadā gotamasāvakā |
yesaṁ divā ca ratto ca, bhāvanāya rato mano ||

僑達摩弟子 常善自醒覺 無論晝與夜 心常樂禪定

*Dh. 302.*

출가도 어렵지만 즐기기도 어렵다.◆
살기 힘든 속가에서 사는 것은 괴롭다.
맞지 않는 사람들과 사는 것도 괴롭고
핍박받고 떠도는 나그네도 괴롭다.◆◆
그러므로 떠도는 나그네가 되지 말라!
그리고 괴로움의 핍박을 받지 말라!

duppabbajjaṁ durabhiramaṁ, durāvāsā gharā dukhā |
dukkhosamānasaṁvāso, dukkhānupatitaddhagū |
tasmā na caddhagū siyā, na ca dukkhānupatito siyā ||

出家愛樂難 在家生活難 非儔共住苦
輪回往來苦 故不應往來 隨從于痛苦

◆ 세간을 떠나 출가하기도 어렵지만 세간에서 즐기며 살기도 어렵다는 의미.
◆◆ '나그네'는 생사를 오가는 중생을 의미한다.

## *Dh. 303.*

믿음이 있고 계행을 갖추고
명예와 부를 구비한 사람은
그가 가는 곳마다
그곳에서 존경받는다.

saddho sīlena sampanno, yasobhogasamappito |
yaṁ yaṁ padesaṁ bhajati, tattha tattheva pūjito ||

有信則戒成 從戒多致賢 亦從得諧偶 在所見供養

## *Dh. 304.*

진실한 사람은 멀리 있어도
히말라야 산처럼 볼 수 있지만
진실하지 못한 사람은 가까이 있어도
밤중에 쏜 화살처럼 보이지 않는다.

dūre santo pakāsenti, himavantova pabbato |
asantettha na dissanti, rattiṁ khittā yathā sarā ||

近道名顯 如高山雪 遠道闇昧 如夜發箭

*Dh. 305.*

홀로 앉고 홀로 눕고
싫증 내지 않고 홀로 다니며
홀로 자신을 길들이는 사람은
숲속에서 즐겁게 지낼 것이다.

ekāsanaṁ ekaseyyaṁ, eko caramatandito |
eko damayamattānaṁ, vanante ramito siyā ||

一坐一處臥 一行無放恣 守一以正身 心樂居樹間

# 22

## 니라야-왁가

Niraya-vagga

# 지옥품

地
獄
品

## *Dh. 306.*

거짓을 말하는 자는 지옥에 떨어진다.
한 일을 안 했다고 하는 자도 그렇다.
비천한 업을 지은 이들 두 사람은
죽으면 저세상에서 같은 신세가 된다.

abhūtavādī nirayaṁ upeti,
yo vāpi katvā na karomi cāha |
ubhopi te pecca samā bhavanti,
nihīnakammā manujā parattha ||

妄語地獄近 作之言不作 二罪後俱受 是行自牽往

## *Dh. 307.*

많은 사람 목에 황색 가사 걸쳤지만
행실이 사악하고 자제하지 않으면
사악한 자들은 사악한 업에 의해
모두가 지옥에 태어날 것이다.

kāsāvakaṇṭhā bahavo, pāpadhammā asaññatā |
pāpā pāpehi kammehi, nirayaṁ te upapajjare ||

法衣在其身 爲惡不自禁 苟沒惡行者 終則墮地獄

## *Dh. 308.*

계율 지키지 않고 자제하지 않는 자는
마을에서 탁발한 음식을 먹는 것보다◆
차라리 불이 활활 타오르는
뜨거운 쇠구슬을 먹는 것이 낫다.

seyyo ayoguḷo bhutto, tatto aggisikhūpamo |
yañce bhuñjeyya dussīlo, raṭṭhapiṇḍamasaññato ||

寧噉燒石 呑飮鎔銅 不以無戒 食人信施

◆ 원뜻은 '나라에서 탁발한 음식'인데, 문맥상 '마을에서 탁발한 음식'으로 번역함.

*Dh. 309.*

방일하여 남의 아내 범하는 사람은
네 가지 경우에 처하게 된다.
악명(惡名)을 얻고 편히 자지 못하며
셋째는 비난이고 넷째는 지옥이다.

cattāri ṭhānāni naro pamatto,
āpajjati paradārūpasevī |
apuññalābhaṁ nanikāmaseyyaṁ,
nindaṁ tatiyaṁ nirayaṁ catutthaṁ ||

放逸有四事 好犯他人婦 臥險非福利 毀三淫泆四

## *Dh. 310.*

죄를 지어서 악명을 얻고
두려움에 떠는 남녀, 즐거움은 적고
왕이 내리는 처벌은 무겁다.
그러므로 남의 아내와 관계하지 말라!

apuññalābho ca gatī ca pāpikā,
bhītassa bhītāya ratī ca thokikā |
rājā ca daṇḍaṁ garukaṁ paṇeti,
tasmā naro paradāraṁ na seve ||

不福利墮惡 畏惡畏樂寡 王法重罰加 身死入地獄

## *Dh. 311.*

꾸사(kusa) 풀을 잘못 잡으면
손을 베듯이
잘못 파악한 수행자는♦
지옥에 빠진다.

kuso yathā duggahito, hatthamevānukantati |
sāmaññaṁ dupparāmaṭṭhaṁ, nirayāyūpakaḍḍhati ||

譬如拔菅草 執緩則傷手 學戒不禁制 獄錄乃自賊

♦ 수행법을 잘못 이해한 수행자를 의미함.

## *Dh. 312.*

어떤 일에나 게으르고
청정하게 계율을 지키지 않고
청정한 수행이 의심스러운 자는◆
큰 결실이 있을 수 없다.

yaṁ kiñci sithilaṁ kammaṁ, saṁkiliṭṭhañca yaṁ vataṁ |
saṅkassaraṁ brahmacariyaṁ, na taṁ hoti mahapphalaṁ ||

人行爲慢惰 不能除衆勞 梵行有玷缺 終不受大福

◆ '청정한 수행'으로 번역한 'brahmacariyaṁ'은 한역에서 '범행(梵行)'으로 번역하는데, 주로 수행자가 음행(淫行)을 삼가는 것을 의미한다.

## *Dh. 313.*

해야 할 일이 있으면
꾸준하게 열심히 하라!
나태한 출가수행자는
점점 더 먼지만 날릴 뿐이다.

kayirā ce kayirāthenaṁ, daḷhamenaṁ parakkame |
sithilo hi paribbājo, bhiyyo ākirate rajaṁ ||

常行所當行 自持必令强 遠離諸外道 莫習爲塵垢

*Dh. 314.*

나중에 괴로움을 겪게 되리니
악행은 하지 않는 것이 더 낫다.
하고 나서 후회할 일 없으리니
착한 일은 하는 것이 더 낫다.

akataṁ dukkaṭaṁ seyyo, pacchā tappati dukkaṭaṁ |
katañca sukataṁ seyyo, yaṁ katvā nānutappati ||

爲所不當爲 然後致鬱毒 行善常吉順 所適無悔吝

*Dh. 315.*

변방의 성채를
안팎으로 지키듯이
이와 같이 자신을 잘 지켜라!
찰나도 헛되이 보내지 말라!
한순간이라도 놓치게 되면
지옥에 가서 한탄하게 된다.

nagaraṁ yathā paccantaṁ, guttaṁ santarabāhiraṁ |
evaṁ gopetha attānaṁ, khaṇo ve mā upaccagā |
khaṇātītā hi socanti, nirayamhi samappitā ||

如備邊城 中外牢固 自守其心 非法不生 行缺致憂 令墮地獄

*Dh. 316.*

떳떳한 일에 수치(羞恥)를 느끼고
부끄러운 일에 수치를 모르는
삿된 견해를 가진 중생들은
고통스러운 곳으로 가게 된다.

alajjitāye lajjanti, lajjitāye na lajjare |
micchādiṭṭhisamādānā, sattā gacchanti duggatiṁ ||

可羞不羞 非羞反羞 生爲邪見 死墮地獄

## *Dh. 317.*

두렵지 않은 일을 두려워하고
두려운 일을 두려워하지 않는
삿된 견해를 가진 중생들은
고통스러운 곳으로 가게 된다.

abhaye bhayadassino, bhaye cābhayadassino |
micchādiṭṭhisamādānā, sattā gacchanti duggatiṁ ||

可畏不畏 非畏反畏 信向邪見 死墮地獄

## *Dh. 318.*

피해선 안 될 일은 피하면서
피할 일을 피해선 안 된다고 보는
삿된 견해를 가진 중생들은
고통스러운 곳으로 가게 된다.

avajje vajjamatino, vajje cāvajjadassino |
micchādiṭṭhisamādānā, sattā gacchanti duggatiṁ ||

可避不避 可就不就 翫習邪見 死墮地獄

*Dh. 319.*

피할 일을 피할 일로 알고
피해선 안 될 일을 피하지 않는
바른 견해를 가진 중생들은
행복한 곳으로 가게 된다.

vajjañca vajjato ñatvā, avajjañca avajjato |
sammādiṭṭhisamādānā, sattā gacchanti suggatiṁ ||

可近則近 可遠則遠 恒守正見 死墮善道

# 23

## 나가-왁가

Nāga-vagga

# 상유품

象喩品

*Dh. 320.*

나는 코끼리가 전쟁터에서
활을 떠난 화살을 참아내듯이
행실이 고약한 많은 사람들이
내뱉는 욕설을 참아내겠다.

ahaṁ nāgova saṅgāme, cāpato patitaṁ saraṁ |
ativākyaṁ titikkhissaṁ, dussīlo hi bahujjano ||

我如象鬥 不恐中箭 常以誠信 度無戒人

*Dh. 321.*

길들여진 코끼리에 왕이 올라타고
그 코끼리가 군대를 이끌듯이
욕설을 참아내는 길들여진 사람
그가 인간 중에 가장 훌륭하다.

dantaṁ nayanti samitiṁ, dantaṁ rājābhirūhati |
danto seṭṭho manussesu, yotivākyaṁ titikkhati ||

譬象調正 可中王乘 調爲尊人 乃受誠信

## *Dh. 322.*

잘 길든 노새도 훌륭하고
천리마(千里馬)도 훌륭하고♦
왕이 타는 코끼리도 훌륭하지만♦♦
길들여진 자신이 더 훌륭하다.

varamassatarā dantā, ājānīyā ca sindhavā |
kuñjarā ca mahānāgā, attadanto tato varaṁ ||

雖爲常調 如彼新馳 亦最善象 不如自調

♦ 'ājāniyā sindhavā'는 '씬두(Sindhū) 지역에서 생산되는 말'을 의미하는데, 인도에서는 이 말을 가장 우수한 말로 평가한다. 여기에서는 훌륭한 말을 의미하는 '천리마'로 번역함.

♦♦ '왕이 타는 코끼리'로 번역한 'nāgā'는 왕이 타는 큰 코끼리를 의미한다.

*Dh. 323.*

이들이 끄는 수레로는
가본 적이 없는 곳을♦
자신을 잘 길들임으로써
길들여진 자신은 간다.

na hi etehi yānehi, gaccheyya agataṁ disaṁ |
yathāttanā sudantena, danto dantena gacchati ||

彼不能適 人所不至 唯自調者 能到調方

♦ '가본 적이 없는 곳'은 열반을 의미한다.

*Dh. 324.*

발정(發情)이 나서 제어하기 힘든
큰 코끼리 다나빨라까(Dhanapālaka)는
붙잡히면 한 입도 먹지를 않고
코끼리 숲속의 코끼리만 생각한다.

dhanapālako nāma kuñjaro,
kaṭukappabhedano dunnivārayo |
baddho kabaḷaṁ na bhuñjati,
sumarati nāgavanassa kuñjaro ||

如象名財守 猛害難禁制 繫絆不與食 而猶暴逸象

*Dh. 325.*

게으르고 게다가 식탐이 많고
빈둥빈둥 뒹굴며 잠이나 자는
사료를 축내는 수퇘지 같은
게으른 자 거듭하여 모태(母胎)에 든다.

middhī yadā hoti mahagghaso ca,
niddāyitā samparivattasāyī |
mahāvarāhova nivāpapuṭṭho,
punappunaṁ gabbhamupeti mando ||

沒在惡行者 恒以貪自繫 其象不知厭 故數入胞胎

*Dh. 326.*

예전에는 마음이 원하는 대로
쾌락 좇아 즐겁게 돌아다녔다.
조련사가 사나운 코끼리를 길들이듯
나는 오늘부터 철저하게 자제하겠다.

idaṁ pure cittamacāri cārikaṁ,
yenicchakaṁ yatthakāmaṁyathāsukhaṁ |
tadajjahaṁ niggahessāmi yoniso,
hatthippabhinnaṁ viya aṅkusaggaho ||

本意爲純行 及常行所安 悉捨降伏結 如鉤制象調

## Dh. 327.

기꺼이 방일하지 말고
자신의 마음을 지켜라!
진흙 속에 빠진 코끼리처럼◆
험한 길에서 자신을 건져내라!

appamādaratā hotha, sacittamanurakkhatha |
duggā uddharathattānaṁ, paṅke sannova kuñjaro ||

樂道不放逸 常能自護心 是爲拔身苦 如象出干陷

◆ 진흙 속에 빠진 코끼리가 스스로 빠져나오듯이 스스로 빠져나오라는 의미.

*Dh. 328.*

신념을 가지고 착하게 사는
현명한 동료나 도반(道伴) 얻으면
즐겁게 모든 난관 극복하면서
마음 모아 그들과 함께 가라!

sace labhetha nipakaṁ sahāyaṁ,
saddhiṁ caraṁ sādhuvihāridhīraṁ |
abhibhuyya sabbāni parissayāni,
careyya tenattamano satīmā ||

若得賢能伴 俱行行善悍 能伏諸所聞 至到不失意

## *Dh. 329.*

신념을 가지고 착하게 사는
현명한 동료나 도반 없으면
대왕이 정복한 국토 버리듯
대왕코끼리처럼♦ 혼자서 가라!

no ce labhetha nipakaṁ sahāyaṁ,
saddhiṁ caraṁ sādhuvihāridhīraṁ |
rājāva raṭṭhaṁ vijitaṁ pahāya,
eko care mātaṅgaraññeva nāgo ||

不得賢能伴 俱行行惡悍 廣斷王邑里 寧獨不爲惡

♦ 원뜻은 '코끼리 숲속의 큰 코끼리처럼'이다.

## *Dh. 330.*

어리석은 자와는 벗할 수 없다.
차라리 혼자서 가는 게 낫다.
묵묵히 홀로 가는 대왕코끼리처럼
죄를 짓지 말고 혼자서 가라!

ekassa caritaṁ seyyo,
natthi bāle sahāyatā |
eko care na ca pāpāni kayirā,
appossukko mātaṅgaraññeva nāgo ||

寧獨行爲善 不與愚爲侶 獨而不爲惡 如象驚自護

*Dh. 331.*

필요할 때 도와줄 벗 있으면 행복하고
어떤 것에든 만족하면 행복하다.
지은 공덕 있으면 죽을 때 행복하고
모든 괴로움을 버리면 행복하다.

atthamhi jātamhi sukhā sahāyā,
tuṭṭhī sukhā yā itarītarena |
puññaṁ sukhaṁ jīvitasaṅkhayamhi,
sabbassa dukkhassa sukhaṁ pahānaṁ ||

生而有利安 伴軟和爲安 命盡爲福安 衆惡不犯安

## *Dh. 332.*

세간에서 어머니를 모시면 행복하고
더불어서 아버지를 모시면 행복하다.
세간에서 수행자를 공경하면 행복하고
더불어서 바라문을 공경하면 행복하다.

sukhā matteyyatā loke, atho petteyyatā sukhā |
sukhā sāmaññatā loke, atho brahmaññatā sukhā ||

人家有母樂 有父斯亦樂 世有沙門樂 天下有道樂

## *Dh. 333.*

계율을 지키면 늙을 때까지 행복하고
믿음이 확고하면 언제라도 행복하다.
밝은 통찰지[般若]를 얻으면 행복하고
죄를 짓지 않으면 언제라도 행복하다.

sukhaṁ yāva jarā sīlaṁ, sukhā saddhā patiṭṭhitā |
sukho paññāya paṭilābho, pāpānaṁ akaraṇaṁ sukhaṁ ||

持戒終老安 信正所正善 智慧最安身 不犯惡最安

# 24

땅하-왁가

Taṇhā-vagga

# 애욕품

愛
欲
品

## *Dh. 334.*

방일하게 살아가는 사람에게
칡넝쿨처럼♦ 갈애가 자라난다.
그는 이 생 저 생을 떠돌아다닌다.
과일을 욕심낸 숲속의 원숭이처럼.

manujassa pamattacārino, taṇhā vaḍḍhati māluvā viya |
so plavatī hurā huraṁ, phalamicchaṁva vanasmi vānaro ||

心放在婬行 欲愛增枝條 分布生熾盛 超躍貪果猴

♦ 'māluvā'는 넝쿨식물의 이름인데, 여기에서는 '칡넝쿨'로 번역함.

## *Dh. 335.*

세간에서 갈애와 탐욕에
지배된 비참한 사람
그에게 근심이 커간다.
비 온 후의 죽순처럼.♦

yaṁ esā sahatī jammī, taṇhā loke visattikā |
sokā tassa pavaḍḍhanti, abhivaṭṭhaṁva bīraṇaṁ ||

以爲愛忍苦 貪欲著世間 憂患日夜長 莚如蔓草生

♦ 'bīraṇaṁ'은 성장이 빠른 풀의 이름인데, 여기에서는 '죽순'으로 번역함.

*Dh. 336.*

세간에서 극복하기 어려운
비참한 갈애를 극복하면
그에게서 근심이 떨어져 나간다.
연꽃 위의 물방울처럼.

yo cetaṁ sahatī jammiṁ, taṇhaṁ loke duraccayaṁ |
sokā tamhā papatanti, udabinduva pokkharā ||

人爲恩愛惑 不能捨情欲 如是憂愛多 潺潺盈于池

*Dh. 337.*

여기 모인 그대들에게
내가 복음(福音)◆을 설하겠노라.
우시라(usīra)를 얻기 위해
비라나(bīraṇa)를 걷어내듯이◆◆
갈애의 뿌리를 뽑아버려라!
그리하여 홍수가 갈대를 망치듯이
마라가 그대들을 망치지 못하게 하라!

taṁ vo vadāmi bhaddaṁ vo, yāvantettha samāgatā |
taṇhāya mūlaṁ khaṇatha, usīratthova bīraṇaṁ |
mā vo naḷaṁva sotova, māro bhañji punappunaṁ ||

爲道行者 不與欲會 先誅愛本 無所植根 勿如刈葦 令心復生

◆ 'bhaddaṁ'의 번역. 원뜻은 길조(吉兆), 행운, 행복을 의미함.

◆◆ 우씨라(usīra)는 비라나(bīraṇa)의 뿌리로서 향기가 좋기 때문에 향료로 쓰인다. 우씨라 향을 얻기 위해서 비라나 풀을 제거해야 한다는 의미이다.

*Dh. 338.*

뿌리만 상하지 않고 견실하면
잘라내도 다시 자라는 나무처럼
잠재하는 갈애를 근절하지 않으면
괴로움은 계속해서 다시 생긴다.

yathāpi mūle anupaddave daḷhe,
chinnopi rukkho punarevarūhati |
evampi taṇhānusaye anūhate,
nibbattatī dukkhamidaṁ punappunaṁ ||

如樹根深固 雖截猶復生 愛意不盡除 輒當還受苦

*Dh. 339.*

즐거움을 좇아서 강하게 흐르는
서른여섯 종류의 거센 폭류(暴流)가♦
탐욕에 의존하는 의도를 가진
악견(惡見)을 지닌 자를 휩쓸어 간다.

yassa chattiṁsati sotā, manāpasavanā bhusā |
vāhā vahanti duddiṭṭhiṁ, saṅkappā rāganissitā ||

三十六使流 幷及心意漏 數數有邪見 依於欲想結

♦ 36종의 거센 폭류는 6근(根)의 활동을 통해서 일어나는 욕애(欲愛), 색애(色愛), 무색애(無色愛) 총 18종류의 애(愛)와 그 대상인 6경(境)에 대하여 일어나는 욕애, 색애, 무색애 총 18종류의 애를 합한 36종의 애를 의미한다.

## *Dh. 340.*

폭류가 흘러간 모든 곳에는
넝쿨이 생겨서 그곳에 머문다.
넝쿨이 생기는 것을 보거든
통찰지[般若]로 뿌리를 끊어라!

savanti sabbadhi sotā, latā ubbhijja tiṭṭhati |
tañca disvā lataṁ jātaṁ, mūlaṁ paññāya chindatha ||

一切意流衍 愛結如葛藤 唯慧分別見 能斷意根原

*Dh. 341.*

사람에게는 즐거움을 갈망하며
꿈틀거리는 욕망이 있다.
즐거움에 집착하여 즐거움을 바라는
그들은 태어남과 늙음을 겪는다.

saritāni sinehitāni ca, somanassāni bhavanti jantuno |
te sātasitā sukhesino, te ve jātijarūpagā narā ||

夫從愛潤澤 思想爲滋蔓 愛欲深無底 老死是用增

*Dh. 342.*

갈망을 따르는 사람들은
덫에 걸려 날뛰는 토끼와 같다.
집착에 결박된 중생들은
오랜 세월 계속해서 괴로움을 겪는다.

tasiṇāya purakkhatā pajā, parisappanti sasova bandhito |
saṁyojanasaṅgasattā, dukkhamupenti punappunaṁ cirāya ||

衆生愛纏裹 猶兎在於罝 爲結使所纏 數數受苦惱

*Dh. 343.*

갈망을 따르는 사람들은
덫에 걸려 날뛰는 토끼와 같다.
그러므로 자신의 이욕(離欲)을 바라는
수행자는 갈망을 몰아내야 한다.

tasiṇāya purakkhatā pajā, parisappanti sasova bandhito |
tasmā tasiṇaṁ vinodaye, bhikkhu ākaṅkhī virāgamattano ||

若能滅彼愛 三有無復愛 比丘已離愛 寂滅歸泥洹

## *Dh. 344.*

탐욕에서 벗어나 숲으로 갔다가
숲을 버리고 숲을 떠난 사람
그대들은 와서 그를 보아라![♦]
벗어났다 속박으로 달려간 자를.

yo nibbanatho vanādhimutto,
vanamutto vanameva dhāvati |
taṁ puggalametha passatha,
mutto bandhanameva dhāvati ||

若能滅彼愛 三有無復愛 比丘已離愛 寂滅歸泥洹

♦ 이 게송은 출가하여 수행하던 비구가 비구 생활을 포기하고 환속하여 살다가 죄를 지어 처형을 받는 자리에서 설해진 것이다.

## *Dh. 345.*

현자가 말하는 단단한 결박은
쇠, 나무, 노끈으로 된 것이 아니다.
마음을 사로잡는 보석 귀고리와
처자식에 대한 애착이 결박이다.

na taṁ daḷhaṁ bandhanamāhu dhīrā,
yadāyasaṁ dārujaṁ pabbajañca |
sārattarattā maṇikuṇḍalesu,
puttesu dāresu ca yā apekkhā ||

雖獄有鉤鍱 慧人不謂牢 愚見妻子息 染著愛甚牢

*Dh. 346.*

무겁고 질겨서 벗어나기 어려운
이 결박을 현자들은 단단하다고 말한다.
쾌락의 즐거움을 버리고 바랄 것 없는
현자들은 이 결박을 끊고서 출가한다.

etaṁ daḷhaṁ bandhanamāhu dhīrā,
ohārinaṁ sithilaṁ duppamuñcaṁ |
etampi chetvāna paribbajanti,
anapekkhino kāmasukhaṁ pahāya ||

慧說愛爲獄 深固難得出 是故當斷棄 不視欲能安

*Dh. 347.*

스스로 만든 그물 속의 거미처럼
탐욕에 물든 자는 (스스로 만든) 폭류가 덮친다.
일체의 괴로움을 버리고 바랄 것 없는
현자들은 이 결박을 끊고서 출가한다.

ye rāgarattānupatanti sotaṁ,
sayaṁkataṁ makkaṭakova jālaṁ |
etampi chetvāna vajanti dhīrā,
anapekkhino sabbadukkhaṁ pahāya ||

以婬樂自裹 譬如蠶作繭 智者能斷棄 不盻除衆苦

## *Dh. 348.*

과거에서 벗어나고 미래에서 벗어나라!
중간에서도♦ 벗어나 피안(彼岸)에 도달하라!
언제 어디에서든 마음이 해탈하면
다시는 태어남과 늙음 겪지 않는다.

muñca pure muñca pacchato,
majjhe muñca bhavassa pāragū |
sabbattha vimuttamānaso,
na puna jātijaraṁ upehisi ||

捨前捨後 捨間越有 一切盡捨 不受生死

♦ '중간'은 '현재'를 의미한다.

*Dh. 349.*

더러운 탐욕을 청정하다고 보는
사유의 힘이 마비된 사람에게
나날이 갈애는 늘어나고
그만큼 결박은 단단해진다.

vitakkapamathitassa jantuno,
tibbarāgassa subhānupassino |
bhiyyo taṇhā pavaḍḍhati,
esa kho daḷhaṁ karoti bandhanaṁ ||

心念放逸者 見婬以爲淨 恩愛意盛增 從是造獄牢

## *Dh. 350.*

언제나 집중하여 부정관(不淨觀)을 닦는
평온한 사유를 즐기는 사람
그는 마라의 결박을 제거한다.
그는 마라의 결박을 끊어낸다.

vitakkūpasame ca yo rato, asubhaṁ bhāvayati sadā sato |
esa kho vyantikāhiti, eso checchati mārabandhanaṁ ||

覺意滅婬者 常念欲不淨 從是出邪獄 能斷老死患

## *Dh. 351.*

궁극에 도달하여 두려움 없고
갈애에서 벗어나 번뇌 없으며
존재의 화살을 모조리 끊으면
이것이 생을 받은 마지막 몸이다.

niṭṭhaṅgato asantāsī, vītataṇho anaṅgaṇo |
acchindi bhavasallāni, antimoyaṁ samussayo ||

無欲無有畏 恬惔無憂患 欲除使結解 是爲長出淵

*Dh. 352.*

갈애에서 벗어나 집착이 없고
경전의 말씀과 의미에 통달하여
결합된 문장을 잘 이해하고
전후의 맥락을 잘 안다면
이 사람이 최후신(最後身)을 성취한
큰 지혜를 갖춘 위인(偉人)이다.

vītataṇho anādāno, niruttipadakovido |
akkharānaṁ sannipātaṁ, jaññā pubbāparāni ca |
sa ve antimasārīro, mahāpañño mahāpurisoti vuccati ||

盡道除獄縛 一切此彼解 已得度邊行 是爲大智士

## *Dh. 353.*

나는 모든 법에 물들지 않는
일체승자(一切勝者)이며 일체지자(一切知者)다.
일체를 버리고 갈애를 부수고
체험적 지혜로써 스스로 해탈했는데
누구를 스승이라 말하겠는가?◆

sabbābhibhū sabbavidūhamasmi,
sabbesu dhammesu anūpalitto |
sabbañjaho taṇhakkhaye vimutto,
sayaṁ abhiññāya kamuddiseyyaṁ ||

若覺一切法 能不著諸法 一切愛意解 是爲通聖意

◆ 이 게송은 초기율장 마하왁가(Mahā-vagga)에 나온다. 세존께서 성도하신 후에 5비구를 찾아서 길을 가는 도중에 만난 사명외도(邪命外道) 우빠까(Upaka)가 세존에게 "존자여, 그대는 누구에게 출가했습니까? 그대의 스승은 누구입니까?"라고 묻자 우빠까에게 이 게송을 말씀하셨다.

*Dh. 354.*

모든 보시의 승리자는 법보시(法布施)고
모든 맛의 승리자는 법미(法味)다.
모든 즐거움의 승리자는 법락(法樂)이고
모든 괴로움의 승리자는 갈애의 소멸이다.

sabbadānaṁ dhammadānaṁ jināti,
sabbarasaṁ dhammaraso jināti |
sabbaratiṁ dhammaratī jināti,
taṇhakkhayo sabbadukkhaṁ jināti ||

衆施經施勝 衆味道味勝 衆樂法樂勝 愛盡勝衆苦

*Dh. 355.*

재물은 어리석은 사람을 해치지만
피안을 바라는 사람은 해치지 못한다.
어리석은 사람은 재물에 대한 갈애 때문에
다른 사람들은 물론 자신까지 해친다.

hananti bhogā dummedhaṁ, no ca pāragavesino |
bhogataṇhāya dummedho, hanti aññeva attanaṁ ||

愚以貪自縛 不求度彼岸 貪爲敗處故 害人亦自害

*Dh. 356.*

밭은 잡초가 망치고
사람은 탐욕이 망친다.
그래서 탐욕을 버린 분에게
보시하면 큰 결실이 있다.

tiṇadosāni khettāni, rāgadosā ayaṁ pajā |
tasmā hi vītarāgesu, dinnaṁ hoti mahapphalaṁ ||

衆施經施勝 衆味道味勝 衆樂法樂勝 愛盡勝衆苦

*Dh. 357.*

밭은 잡초가 망치고
사람은 분노가 망친다.
그래서 분노를 버린 분에게
보시하면 큰 결실이 있다.

tiṇadosāni khettāni, dosadosā ayaṁ pajā |
tasmā hi vītadosesu, dinnaṁ hoti mahapphalaṁ ||

猶如穢惡田 瞋恚滋蔓生 是故當離恚 施報無有量

*Dh. 358.*

밭은 잡초가 망치고
사람은 어리석음이 망친다.
그래서 어리석음 버린 분에게
보시하면 큰 결실이 있다.

tiṇadosāni khettāni, mohadosā ayaṁ pajā |
tasmā hi vītamohesu, dinnaṁ hoti mahapphalaṁ ||

猶如穢惡田 愚癡穢惡生 是故當離愚 獲報無有量

*Dh. 359.*

밭은 잡초가 망치고
사람은 욕망이 망친다.
그래서 욕망을 버린 분에게
보시하면 큰 결실이 있다.

tiṇadosāni khettāni, icchādosā ayaṁ pajā |
tasmā hi vigaticchesu, dinnaṁ hoti mahapphalaṁ ||

猶如穢惡田 貪欲爲滋蔓 是故當離貪 獲報無有量

# 25

빅쿠-왁가

Bhikkhu-vagga

# 사문품

沙門品

## *Dh. 360.*

시각 활동을 지켜보는 것도 유익하고♦
청각 활동을 지켜보는 것도 유익하다.
후각 활동을 지켜보는 것도 유익하고
미각 활동을 지켜보는 것도 유익하다.

cakkhunā saṁvaro sādhu, sādhu sotena saṁvaro |
ghānena saṁvaro sādhu, sādhu jivhāya saṁvaro ||

端目耳鼻口 身意常守正 比丘行如是 可以免衆苦

♦ '안(眼)'으로 한역되는 'cakkhunā'를 '시각 활동'으로,
'수호(守護)'로 한역되는 'saṁvaro'를 '지켜보는 것'으로 번역함.

*Dh. 361.*

신체 활동을 지켜보는 것도 유익하고
언행을 지켜보는 것도 유익하고
마음을 지켜보는 것도 유익하다.
이 모든 것을 지켜보는 것은 유익하다.
모든 것을 지켜보는 비구는
모든 괴로움에서 벗어난다.

kāyena saṁvaro sādhu, sādhu vācāya saṁvaro |
manasā saṁvaro sādhu, sādhu sabbattha saṁvaro |
sabbattha saṁvuto bhikkhu, sabbadukkhā pamuccati ||

善哉制於身 善哉制於語 善哉制於意
善哉制一切 制一切比丘 解脫一切苦

*Dh. 362.*

손놀림을 자제하고 발걸음을 자제하고
언행을 자제하고 자신을 자제하고
마음을 집중하여 내면의 즐거움을
홀로 즐긴다면 그를 비구라고 한다.

hatthasaṁyato pādasaṁyato, vācāsaṁyato saṁyatuttamo |
ajjhattarato samāhito, eko santusito tamāhu bhikkhuṁ ||

手足莫妄犯 節言愼所行 常內樂定意 守一行寂然

*Dh. 363.*

비구가 입을 함부로 놀리지 않고
들뜨지 않고 현명하게 말하여
가르침의 의미를 밝게 드러내면
그의 말은 꿀처럼 감미롭다.

yo mukhasaṁyato bhikkhu, mantabhāṇī anuddhato |
atthaṁ dhammañca dīpeti, madhuraṁ tassa bhāsitaṁ ||

學當守口 宥言安徐 法義爲定 言必柔軟

## *Dh. 364.*

가르침을 기뻐하고 가르침을 즐기고
가르침에 따라서 사유하고
가르침을 기억하는 비구는
바른 가르침에서 멀어지지 않는다.

dhammārāmo dhammarato,
dhammaṁ anuvicintayaṁ |
dhammaṁ anussaraṁ bhikkhu,
saddhammā na parihāyati ||

樂法欲法 思惟安法 比丘依法 正而不費

*Dh. 365.*

자신이 얻은 것을 가볍게 보지 말고
다른 사람 얻은 것을 부러워 말라!
다른 사람 얻은 것을 부러워하면
그 비구는 삼매에 들지 못한다.

salābhaṁ nātimaññeyya, nāññesaṁ pihayaṁ care |
aññesaṁ pihayaṁ bhikkhu, samādhiṁ nādhigacchati ||

學無求利 無愛他行 比丘好他 不得定意

*Dh. 366.*

비구가 얻은 것이 적을지라도
자신이 얻은 것을 가볍게 보지 않고
부지런히 청정하게 살아가면
천신들은 분명히 그를 칭찬한다.

appalābhopi ce bhikkhu, salābhaṁ nātimaññati |
taṁ ve devā pasaṁsanti, suddhājīviṁ atanditaṁ ||

比丘少取 以得無積 天人所譽 生淨無穢

*Dh. 367.*

모든 이름과 형색[名色]에 대하여
그 어떤 애착도 없는 사람은
존재하지 않게 됨을 근심하지 않나니♦
그를 진정으로 '비구'라고 할 수 있다.

sabbaso nāmarūpasmiṁ, yassa natthi mamāyitaṁ |
asatā ca na socati, sa ve bhikkhūti vuccati ||

一切名色 非有莫惑 不近不憂 乃爲比丘

♦ 우리가 인식하는 모든 존재는 이름과 형색[名色]이다. 따라서 이름과 형색에 대한 애착이 없으면 존재하지 않게 됨, 즉 죽음을 근심하지 않는다는 의미이다.

## *Dh. 368.*

비구가 붓다의 가르침을 믿고
자애로운 마음으로 살아가면
모든 행이 적멸하여 행복한
평온한 경지에 이를 것이다.

mettāvihārī yo bhikkhu, pasanno buddhasāsane |
adhigacche padaṁ santaṁ, saṅkhārūpasamaṁ sukhaṁ ||

比丘爲慈 愛敬佛教 深入止觀 滅行乃安

*Dh. 369.*

비구여! 이 배에서 물을 퍼내라!
물 퍼내면 가볍게 나아갈 것이다.
탐욕과 분노를 끊어버리고
그 후에 열반으로 나아가거라!

siñca bhikkhu imaṁ nāvaṁ, sittā te lahumessati |
chetvā rāgañca dosañca, tato nibbānamehisi ||

比丘扈船 中虛則輕 除婬怒癡 是爲泥洹

## *Dh. 370.*

다섯 가지를♦ 끊고 다섯 가지를♦♦ 버려라!
그리고 나아가서 다섯 가지를♦♦♦ 닦아라!
다섯 가지 집착을♦♦♦♦ 초월한 비구를
폭류를 건너간 사람이라고 한다.

pañca chinde pañca jahe, pañca cuttari bhāvaye |
pañca saṅgātigo bhikkhu, oghatiṇṇoti vuccati ||

捨五斷五 思惟五根 能分別五 乃渡河淵

♦ 오하분결(五下分結), 즉 탐결[貪結: 탐심(貪心)], 진결[瞋結: 진심(嗔心)], 신견결[身見結: 유신견(有身見, 자신이 존재한다는 견해], 계취견결[戒取見結: 계금취견(戒禁取見)], 의결[疑結: 의심(疑心)]을 의미함.

♦♦ 오상분결(五上分結), 즉 색애결[色愛結: 색계(色界)에 대한 애착], 무색애결(無色愛結: 무색계에 대한 애착), 도결(掉結: 들뜬 마음), 만결(慢結: 교만한 마음), 무명결(無明結: 무지한 마음)을 의미함.

♦♦♦ 오력(五力), 즉 신력(信力: 신념), 진력[進力: 정진(精進)], 염력[念力: 사념처(四念處)], 정력[定力: 선정(禪定)], 혜력(慧力: 지혜)을 의미함.

♦♦♦♦ 오결(五結), 즉 탐결(貪結: 탐욕), 에결(恚結: 분노), 만결(慢結: 교만한 마음), 질결(嫉結: 질투심), 간결(慳結: 인색한 마음)을 의미함.

## *Dh. 371.*

비구여! 방일하지 말고 선정을 닦아라!
마음이 쾌락 속에 맴돌지 않도록 하라!
방일하여 뜨거운 쇠구슬을 삼키지 말라!
태워지면서 괴롭다고 울부짖지 말라!

jhāya bhikkhu mā ca pamādo,
mā te kāmaguṇe bhamessu cittaṁ |
mā lohaguḷaṁ gilī pamatto,
mā kandi dukkhamidanti ḍayhamāno ||

禪無放逸 莫爲欲亂 不呑鎔銅 自惱憔形

*Dh. 372.*

지혜 없이 선정 없고
선정 없이 지혜 없다.
선정과 지혜가 있으면
그곳에 열반이 있다.

natthi jhānaṁ apaññassa, paññā natthi ajhāyato |
yamhi jhānañca paññā ca, sa ve nibbānasantike ||

無禪不智 無智不禪 道從禪智 得至泥洹

*Dh. 373.*

텅 빈 집에 들어가서
비구가 평온한 마음으로
가르침을 바르게 통찰하면
인간을 초월한 기쁨이 있다.

suññāgāraṁ paviṭṭhassa, santacittassa bhikkhuno |
amānusī ratī hoti, sammā dhammaṁ vipassato ||

當學入空 靜居止意 樂獨屏處 一心觀法

## *Dh. 374.*

누구나 오온(五蘊)의 발생과 소멸을◆
바르게 주의집중하여
기쁨과 즐거움을 얻으면
그것이 불사(不死)를 아는 것이다.

yato yato sammasati, khandhānaṁ udayabbayaṁ |
labhatī pītipāmojjaṁ, amataṁ taṁ vijānataṁ ||

常制五陰 伏意如水 清淨和悅 爲甘露味

◆ 'khandhā'를 '오온'으로 번역함.

## *Dh. 375.*

지각 활동 지켜보며 만족을 알고♦
별해탈율의(別解脫律儀)를 지키도록 하라!
지혜로운 비구의 수행은
바로 여기에서 시작된다.

tatrāyamādi bhavati, idha paññassa bhikkhuno |
indriyagutti santuṭṭhī, pātimokkhe ca saṁvaro |
mitte bhajassu kalyāṇe, suddhājīve atandite ||

不受所有 爲慧比丘 攝根知足 戒律悉持

♦ 'indriyagutti'를 '지각 활동 지켜보며'로 번역함.

*Dh. 376.*

훌륭한 친구와 교제하면서
열심히 청정하게 살아가라!
우정을 나누며 서로 좋은 경쟁하면
그로 인해 많은 즐거움 있고
괴로움을 끝내게 될 것이다.

paṭisanthāravutyassa, ācārakusalo siyā |
tato pāmojjabahulo, dukkhassantaṁ karissati ||

生當行淨 求善師友 智者成人 度苦致喜

## *Dh. 377.*

비구들이여! 와씨까(vassikā)♦가
시든 꽃을 떨어뜨리듯
탐욕과 분노를
내려놓아라!

vassikā viya pupphāni, maddavāni pamuñcati |
evaṁ rāgañca dosañca, vippamuñcetha bhikkhavo ||

如衛師華 熟如自墮 釋婬怒癡 生死自解

♦ 재스민(jasmine)의 일종.

*Dh. 378.*

몸가짐이 평온하고 언행이 평온하고
평온하게 마음을 잘 집중하고
세속의 이익을 버린 비구를
'평화로운 비구'라고 한다.

santakāyo santavāco, santavā susamāhito |
vantalokāmiso bhikkhu, upasantoti vuccati ||

止身止言 心守玄黙 比丘棄世 是爲受寂

*Dh. 379.*

스스로 자신을 경책(警責)하고
스스로 자신을 통제하라!
주의집중하여 자신을 지키면
비구는 행복하게 살 수 있다.

attanā codayattānaṁ, paṭimāse attam attanā |
so attagutto satimā, sukhaṁ bhikkhu vihāhisi ||

當自敕身 內與心爭 護身念諦 比丘惟安

## Dh. 380.

자신이 자신의 보호자다.
자신이 자신의 미래를 만든다.◆
그러므로 자신을 제어해야 한다.
상인이 말을 훌륭하게 제어하듯.

attā hi attano nātho,
(ko hi nātho paro siyā) attā hi attano gati |
tasmā saññamayattānaṁ,
assaṁ bhadraṁva vāṇijo ||

我自爲我 計無有我 故當損我 調乃爲賢

◆ 'attā hi attano gati'의 번역. 한역에서 '취(趣)'로 번역되는 'gati'는 'sugati(선취, 善趣)'나 'duggati(악취, 惡趣)'처럼 '미래에 가서 태어나는 곳'을 의미하는데, 여기에서는 자신이 미래에 갈 곳은 자신이 만든다는 의미로 사용되었다.

*Dh. 381.*

커다란 기쁨을 느끼면서
붓다의 가르침을 믿는 비구는
모든 행이 적멸하여 행복한
평온한 경지에 이를 것이다.

pāmojjabahulo bhikkhu, pasanno buddhasāsane |
adhigacche padaṁ santaṁ, saṅkhārūpasamaṁ sukhaṁ ||

喜在佛教 可以多喜 至到寂寞 行滅永安

*Dh. 382.*

젊은 비구라 할지라도
붓다의 가르침에 전념하면
그는 구름을 벗어난 달처럼
이 세간을 밝게 비춘다.

yo have daharo bhikkhu, yuñjati buddhasāsane |
somaṁ lokaṁ pabhāseti, abbhā muttova candimā ||

少莊捨家 盛修佛教 是照世間 如月雲消

# 26

## 브라마나-왁가

Brāhmaṇa-vagga

# 범지품

梵
志
品

## *Dh. 383.*

욕망을 제거하고 용맹하게
폭류를 끊은 자가 바라문이다.
행의 소멸과 무위의 열반을
아는 자가 바라문이다.♦

chinda sotaṁ parakkamma, kāme panuda brāhmaṇa |
saṅkhārānaṁ khayaṁ ñatvā, akataññūsi brāhmaṇa ||

截流而渡 無欲如梵 知行已盡 是謂梵志

♦ 'akataññūsi'의 번역. 'akata'는 '만들어지지 않은'의 의미로서 '무위', '열반'을 의미한다.

## *Dh. 384.*

바라문이 두 법 가운데서♦
피안으로 건너갈 때
결박을 알기 때문에
모든 결박이 소멸한다.

yadā dvayesu dhammesu, pāragū hoti brāhmaṇo |
athassa sabbe saṁyogā, atthaṁ gacchanti jānato ||

以無二法 淸淨渡淵 諸欲結解 是謂梵志

♦ 두 법은 사마타(samatha)와 위빠싸나(vipassanā)를 의미한다. 바라문은 사마타와 위빠싸나를 수행하여 피안에 건너간다는 의미이다.

*Dh. 385.*

피안도 없고 차안(此岸)도 없고♦
피안과 차안도 없으며
걱정 없고 속박 없는 사람
나는 그를 바라문이라고 부른다.

yassa pāraṁ apāraṁ vā, pārāpāraṁ na vijjati |
vītaddaraṁ visaṁyuttaṁ, tamahaṁ brūmi brāhmaṇaṁ ||

適彼無彼 彼彼已空 捨離貪婬 是謂梵志

♦ '차안'은 '내육입처'를 의미하고 '피안'은 '외육입처'를 의미한다.

*Dh. 386.*

때 묻지 않고 앉아 선정을 닦고
해야 할 일 마쳐서 번뇌가 없는
최상의 목적을 성취한 사람
나는 그를 바라문이라고 부른다.

jhāyiṁ virajamāsīnaṁ, katakiccamanāsavaṁ |
uttamatthamanuppattaṁ, tamahaṁ brūmi brāhmaṇaṁ ||

思惟無垢 所行不漏 上求不起 是謂梵志

## *Dh. 387.*

해는 낮에 빛나고 달은 밤에 빛난다.
군인♦은 무장했을 때 빛나고
바라문은 선정에 들었을 때 빛나지만
붓다는 낮이나 밤이나 항상 밝게 빛난다.

divā tapati ādicco, rattimābhāti candimā |
sannaddho khattiyo tapati, jhāyī tapati brāhmaṇo |
atha sabbamahorattiṁ, buddho tapati tejasā ||

日照於晝 月照於夜 甲兵照軍 禪照道人 佛出天下 照一切冥

♦ 'khattiyo'의 번역. 'khattiyo'는 군인 신분을 의미하는 크샤트리아(kṣatriya)의 빠알리어 표기인데, 여기에서는 '군인'으로 번역함.

## *Dh. 388.*

'악을 멀리하는 자'를 '바라문'이라고 하고♦
'평온하게 사는 자'를 '사문'이라고 부른다.♦♦
자신의 먼지를 털어내면
그로 인해서 '출가자'라고 부른다.

bāhitapāpoti brāhmaṇo, samacariyā samaṇoti vuccati |
pabbājayamattano malaṁ, tasmā pabbajitoti vuccati ||

出惡爲梵志 入正爲沙門 棄我衆穢行 是則爲捨家

♦ 'bāhitapāpoti brāhmaṇo'의 번역. 'bāhitapāpo'와 'brāhmaṇo'가 발음이 비슷하기 때문에 이렇게 이야기하고 있다.

♦♦ 'samacariyā samaṇoti vuccati'의 번역. 'samacariyā'와 'samaṇo'가 발음이 비슷하기 때문에 이렇게 이야기하고 있다.

*Dh. 389.*

바라문에게 해를 주지 말고
바라문은 앙갚음하지 말라!
차마 바라문에게 해를 줄 수 있으리오!
그렇다고 차마 앙갚음을 하리오!

na brāhmaṇassetadakiñci seyyo,
yadā nisedho manaso piyehi |
yato yato hiṁsamano nivattati,
tato tato sammatimeva dukkhaṁ ||

若猗於愛 心無所著 已捨已正 是滅衆苦

*Dh. 390.*

기쁜 마음으로 억누를 수 있다면♦
바라문에게 이보다 좋은 것은 없다.
죽이고 싶은 마음 그칠 때마다
그때마다 괴로움 가라앉는다.

na brāhmaṇassetadakiñci seyyo,
yadā nisedho manaso piyehi |
yato yato hiṁsamano nivattati,
tato tato sammatimeva dukkhaṁ ||

若猗於愛 心無所著 已捨已正 是滅衆苦

♦ 가해를 당할 때 치미는 분노를 억누르는 것을 의미한다.

*Dh. 391.*

어떤 사람이든 몸이나 말이나
마음으로 짓는 악행이 없는
세 가지로 자신을 제어한 사람
나는 그를 바라문이라고 부른다.

yassa kāyena vācāya, manasā natthi dukkataṁ |
saṁvutaṁ tīhi ṭhānehi, tamahaṁ brūmi brāhmaṇaṁ ||

身口與意 淨無過失 能攝三行 是謂梵志

*Dh. 392.*

바른 깨달음을 이룬 분이 가르친
가르침을 누군가가 알려준다면
바라문이 제화(祭火)를 섬기듯이
공손하게 그를 받들어야 한다.

yamhā dhammaṁ vijāneyya, sammāsambuddhadesitaṁ |
sakkaccaṁ taṁ namasseyya, aggihuttaṁva brāhmaṇo ||

若心曉了 佛所說法 觀心自歸 淨於爲水

## *Dh. 393.*

결발이나 가문이나 출생에 의해서
바라문이 되는 것이 아니다.
누구든 진실과 법도(法度)가 있으면
그는 청정하고, 그가 바라문이다.

na jaṭāhi na gottena, na jaccā hoti brāhmaṇo |
yamhi saccañca dhammo ca, so sucī so ca brāhmaṇo ||

非族結髮 名爲梵志 誠行法行 淸白則賢

*Dh. 394.*

어리석은 자여! 결발로 무엇을 하겠으며
사슴 가죽옷으로 무엇을 하겠는가?
그대는 안에 있는 집착은 버려두고
밖에 있는 몸만 만지고 있구나.

kiṁ te jaṭāhi dummedha, kiṁ te ajinasāṭiyā |
abbhantaraṁ te gahanaṁ, bāhiraṁ parimajjasi ||

飾髮無慧 草衣何施 內不離著 外捨何益

*Dh. 395.*

말라서 핏줄이 드러난
홀로 숲에서 선정에 든
분소의(糞掃衣)를 입은 사람
나는 그를 바라문이라고 부른다.

paṁsukūladharaṁ jantuṁ, kisaṁ dhamanisanthataṁ |
ekaṁ vanasmiṁ jhāyantaṁ, tamahaṁ brūmi brāhmaṇaṁ ||

被服弊惡 躬承法行 閑居思惟 是謂梵志

*Dh. 396.*

어머니의 자궁에서 태어난 존재를
나는 바라문이라고 부르지 않는다.
무언가를 가진 자는 '그대'라고 부른다.
가진 것 없고 집착 없는 사람
나는 그를 바라문이라고 부른다.

na cāhaṁ brāhmaṇaṁ brūmi, yonijaṁ mattisambhavaṁ |
bhovādi nāma so hoti, sace hoti sakiñcano |
akiñcanaṁ anādānaṁ, tamahaṁ brūmi brāhmaṇaṁ ||

我不說梵志 託父母生者 彼多衆瑕穢 滅則爲梵志

*Dh. 397.*

일체의 속박 끊고 걱정 없는 사람
집착을 초월한 사람
속박을 벗어난 사람
나는 그를 바라문이라고 부른다.

sabbasaññojanaṁ chetvā, yo ve na paritassati |
saṅgātigaṁ visaṁyuttaṁ, tamahaṁ brūmi brāhmaṇaṁ ||

絶諸可欲 不婬其志 委棄欲數 是謂梵志

*Dh. 398.*

밧줄을 끊고 가죽끈을 끊고
올가미와 굴레를 벗고
장애를 제거하고 깨달은 사람
나는 그를 바라문이라고 부른다.

chetvā naddhiṁ varattañca, sandānaṁ sahanukkamaṁ |
ukkhittapalighaṁ buddhaṁ, tamahaṁ brūmi brāhmaṇaṁ ||

斷生死河 能忍超度 自覺出塹 是謂梵志

*Dh. 399.*

비난받고 매를 맞고 결박당해도
인내심 많은 강한 군대처럼
화내지 않고 참아내는 사람
나는 그를 바라문이라고 부른다.

akkosaṁ vadhabandhañca, aduṭṭho yo titikkhati |
khantībalaṁ balānīkaṁ, tamahaṁ brūmi brāhmaṇaṁ ||

見罵見擊 默受不怒 有忍辱力 是謂梵志

*Dh. 400.*

친절하고 독실한 사람
계율을 지키고 자신을 길들여서
최후의 몸[最後身]을 이룬 사람
나는 그를 바라문이라고 부른다.

akkodhanaṁ vatavantaṁ, sīlavantaṁ anussutaṁ |
dantaṁ antimasārīraṁ, tamahaṁ brūmi brāhmaṇaṁ ||

若見侵欺 但念守戒 端身自調 是謂梵志

*Dh. 401.*

연꽃잎에 달린 이슬만큼도
송곳 끝에 걸린 겨자씨만큼도
쾌락에 물들지 않는 사람
나는 그를 바라문이라고 부른다.

vāri pokkharapatteva, āraggeriva sāsapo |
yo na limpati kāmesu, tamahaṁ brūmi brāhmaṇaṁ ||

心棄惡法 如蛇脫皮 不爲欲汚 是謂梵志

*Dh. 402.*

자신의 괴로움 소멸했음 통찰하고
속박에서 벗어나
짐을 내려놓은 사람
나는 그를 바라문이라고 부른다.

yo dukkhassa pajānāti, idheva khayamattano |
pannabhāraṁ visaṁyuttaṁ, tamahaṁ brūmi brāhmaṇaṁ ||

覺生爲苦 從是滅意 能下重擔 是謂梵志

## *Dh. 403.*

깊은 지혜 있는 총명한 사람
바른길과 그른 길에 정통한 사람
최고의 목적을 성취한 사람
나는 그를 바라문이라고 부른다.

gambhīrapaññaṁ medhāviṁ, maggāmaggassa kovidaṁ |
uttamatthamanuppattaṁ, tamahaṁ brūmi brāhmaṇaṁ ||

解微妙慧 辯道不道 體行上義 是謂梵志

## *Dh. 404.*

재가자든 출가자든
어느 누구와도 어울리지 않고
집 없이 사는 욕심 없는 사람
나는 그를 바라문이라고 부른다.

asaṁsaṭṭhaṁ gahaṭṭhehi, anāgārehi cūbhayaṁ |
anokasārimappicchaṁ, tamahaṁ brūmi brāhmaṇaṁ ||

棄捐家居 無家之畏 少求寡欲 是謂梵志

*Dh. 405.*

동물에 대해서도 식물에 대해서도
살아 있는 모든 것에 폭력을 내려놓고
때리지 않고 죽이지 않는 사람
나는 그를 바라문이라고 부른다.

nidhāya daṇḍaṁ bhūtesu, tasesu thāvaresu ca |
yo na hanti na ghāteti, tamahaṁ brūmi brāhmaṇaṁ ||

棄放活生 無賊害心 無所嬈惱 是謂梵志

*Dh. 406.*

모든 장애 가운데서 걸림이 없고
모든 폭력 가운데서 평온하고
집착의 대상을 집착하지 않는 사람
나는 그를 바라문이라고 부른다.

aviruddhaṁ viruddhesu, attadaṇḍesu nibbutaṁ |
sādānesu anādānaṁ, tamahaṁ brūmi brāhmaṇaṁ ||

避爭不爭 犯而不慍 惡來善待 是謂梵志

*Dh. 407.*

송곳 끝에서 겨자씨가 떨어지듯
탐욕과 분노와 오만과 위선이
그에게서 떨어져 나간 사람
나는 그를 바라문이라고 부른다.

yassa rāgo ca doso ca, māno makkho ca pātito |
sāsaporiva āraggā, tamahaṁ brūmi brāhmaṇaṁ ||

去婬怒癡 憍慢諸惡 如蛇脫皮 是謂梵志

*Dh. 408.*

부드럽고 유익한 말
진실한 말을 하고
누구에게든 악담하지 않는 사람
나는 그를 바라문이라고 부른다.

akakkasaṁ viññāpaniṁ, giraṁ saccamudīraye |
yāya nābhisaje kañci, tamahaṁ brūmi brāhmaṇaṁ ||

斷絶世事 口無麤言 八道審諦 是謂梵志

*Dh. 409.*

크든 작든 많든 적든
좋은 것이든 싫은 것이든
주지 않는 것을 취하지 않는 사람
나는 그를 바라문이라고 부른다.

yodha dīghaṁ va rassaṁ vā, aṇuṁ thūlaṁ subhāsubhaṁ |
loke adinnaṁ nādiyati, tamahaṁ brūmi brāhmaṇaṁ ||

所世惡法 修短巨細 無取無捨 是謂梵志

*Dh. 410.*

그에게는 이 세상과 저세상에서
존재하려는 욕망이 보이지 않는다.
애착 않고 속박에서 벗어난 사람
나는 그를 바라문이라고 부른다.

āsā yassa na vijjanti, asmiṁ loke paramhi ca |
nirāsayaṁ visaṁyuttaṁ, tamahaṁ brūmi brāhmaṇaṁ ||

今世行淨 後世無穢 無習無捨 是謂梵志

*Dh. 411.*

그에게는 집착이 보이지 않는다.
구경지(究境智)로 모든 의심을 없애고
불사의 경지를 성취한 사람
나는 그를 바라문이라고 부른다.

yassālayā na vijjanti, aññāya akathaṁkathī |
amatogadhamanuppattaṁ, tamahaṁ brūmi brāhmaṇaṁ ||

棄身無猗 不誦異言 行甘露滅 是謂梵志

*Dh. 412.*

공덕(功德)에도 집착 않고
악덕(惡德)에도 집착 않는
근심 없고 티 없이 맑은 사람
나는 그를 바라문이라고 부른다.

yodha puññañca pāpañca, ubho saṅgamupaccagā |
asokaṁ virajaṁ suddhaṁ, tamahaṁ brūmi brāhmaṇaṁ ||

於罪與福 兩行永除 無憂無塵 是謂梵志

*Dh. 413.*

구름을 벗어난 달처럼
환락의 삶을 버린
티 없이 맑고 청정한 사람
나는 그를 바라문이라고 부른다.

candaṁva vimalaṁ suddhaṁ, vippasannamanāvilaṁ |
nandībhavaparikkhīṇaṁ, tamahaṁ brūmi brāhmaṇaṁ ||

心喜無垢 如月盛滿 謗毀已除 是謂梵志

## *Dh. 414.*

돌고 도는♦ 위험하고 험한 길과
어리석음 벗어나 저 언덕에 건너간
갈망도 없고 의심도 없고
집착 없는 평온한 선정수행자
나는 그를 바라문이라고 부른다.

yomaṁ palipathaṁ duggaṁ, saṁsāraṁ mohamaccagā |
tiṇṇo pāragato jhāyī, anejo akathaṁkathī |
anupādāya nibbuto, tamahaṁ brūmi brāhmaṇaṁ ||

見癡往來 墮塹受苦 欲單渡岸 不好他語 唯滅不起 是謂梵志

♦ 'saṁsāraṁ'의 번역. '윤회'로 한역된 'saṁsāra'는 '계속해서 돌다'라는 의미의 'saṁsarati'의 명사형이다.

## *Dh. 415.*

세상에서 감각적 쾌락 버리고
출가하여 집 없이 살아가는
쾌락의 삶을 버린 사람
나는 그를 바라문이라고 부른다.

yodha kāme pahantvāna, anāgāro paribbaje |
kāmabhavaparikkhīṇaṁ, tamahaṁ brūmi brāhmaṇaṁ ||

已斷恩愛 離家無欲 愛有已盡 是謂梵志

*Dh. 416.*

세상에서 갈애를 내버리고
출가하여 집 없이 살아가는
갈애의 삶을 버린 사람
나는 그를 바라문이라고 부른다.

yodha taṇhaṁ pahantvāna, anāgāro paribbaje |
taṇhābhavaparikkhīṇaṁ, tamahaṁ brūmi brāhmaṇaṁ ||

已斷恩愛 離家無渴 愛有已盡 是謂梵志

*Dh. 417.*

인간의 속박을 벗어버리고
천상의 속박에서 벗어나
모든 속박에서 자유로운 사람
나는 그를 바라문이라고 부른다.

hitvā mānusakaṁ yogaṁ, dibbaṁ yogaṁ upaccagā |
sabbayogavisaṁyuttaṁ, tamahaṁ brūmi brāhmaṇaṁ ||

離人聚處 不墮天聚 諸聚不歸 是謂梵志

*Dh. 418.*

사랑도 내버리고 미움도 내버리고
집착이 없어서 맑고 시원한
일체의 세간을 극복한 영웅
나는 그를 바라문이라고 부른다.

hitvā ratiñca aratiñca, sītibhūtaṁ nirūpadhiṁ |
sabbalokābhibhuṁ vīraṁ, tamahaṁ brūmi brāhmaṇaṁ ||

棄樂無樂 滅無熅燸 健違諸世 是謂梵志

*Dh. 419.*

중생들의 태어남과 죽음을 알고
어떤 것에도 집착이 없는
잘 간 사람[善逝] 깨달은 사람[佛]
나는 그를 바라문이라고 부른다.

cutiṁ yo vedi sattānaṁ, upapattiñca sabbaso |
asattaṁ sugataṁ buddhaṁ, tamahaṁ brūmi brāhmaṇaṁ ||

所生已訖 死無所趣 覺安無依 是謂梵志

## *Dh. 420.*

그가 죽어서 가는 길을
천신도 건달바도 인간도 모른다.
번뇌를 남김없이 없앤 아라한
나는 그를 바라문이라고 부른다.

yassa gatiṁ na jānanti, devā gandhabbamānusā |
khīṇāsavaṁ arahantaṁ, tamahaṁ brūmi brāhmaṇaṁ ||

已度五道 莫知所墮 習盡無餘 是謂梵志

*Dh. 421.*

그에게는 가진 것이 앞에도 없고
중간에도 뒤에도 아무것도 없다.
가진 것 없는 집착 없는 사람
나는 그를 바라문이라고 부른다.

yassa pure ca pacchā ca, majjhe ca natthi kiñcanaṁ |
akiñcanaṁ anādānaṁ, tamahaṁ brūmi brāhmaṇaṁ ||

于前于後 乃中無有 無操無捨 是謂梵志

*Dh. 422.*

황소처럼 늠름한 영웅이며
위대한 선인이며 승리자이며
갈망 없이 목욕한 깨달은 사람
나는 그를 바라문이라고 부른다.

usabhaṁ pavaraṁ vīraṁ,
mahesiṁ vijitāvinaṁ |
anejaṁ nahātakaṁ buddhaṁ,
tamahaṁ brūmi brāhmaṇaṁ ||

最雄最勇 能自解度 覺意不動 是謂梵志

## *Dh. 423.*

전생(前生)에 살던 곳을 알고
천상과 지옥을 보고
마침내 태어남을 없애고
모든 것을 완전하게 성취한
체험지(體驗智)를 성취한 성자
나는 그를 바라문이라고 부른다.

pubbenivāsaṁ yo vedi, saggāpāyañca passati |
atho jātikkhayaṁ patto, abhiññāvosito munii |
sabbavositavosānaṁ, tamahaṁ brūmi brāhmaṇaṁ ||

自知宿命 本所更來 得要生盡 叡通道玄 明如能黙 是謂梵志

## 석학 이중표 명예교수의 불교철학 시리즈!

### 정선 디가 니까야

『디가 니까야』 가운데 가장 핵심적인 12개의 경을 선정하여 번역하고 주석과 해설을 덧붙였다. 불교 교리의 정수를 담았다.

이중표 역해 | 532쪽 | 28,000원

### 정선 맛지마 니까야

『맛지마 니까야』 가운데 가장 핵심적인 70개의 경을 선정하여 번역하고 주석과 해설을 덧붙였다. 37조도품과 9차제정 등 불교 수행의 모든 과정을 담았다.

이중표 역해 | 888쪽 | 39,000원

### 정선 쌍윳따 니까야

『쌍윳따 니까야』 2,889개의 경 가운데 500여 개의 경을 선정하여 번역하고 주석과 해설을 덧붙였다. 온(蘊)·처(處)·계(界)·연기의 교학과 37도품의 수행 체계를 핵심 주제로 설명한다.

이중표 역해 | 801쪽 | 39,000원

### 니까야로 읽는 반야심경

『반야심경』의 '반야'와 '공(空)' 사상의 원류를 초기경전 『니까야』에서 찾아 분석하였다. 『니까야』를 통해 『반야심경』의 탄생 배경과 사용된 용어들의 진의를 알 수 있다.

이중표 역해 | 272쪽 | 20,000원

### 니까야로 읽는 금강경

산스크리트어, 빠알리어, 한문 원전의 꼼꼼한 해석을 바탕으로 『금강경』 속 언어의 모순, 관념, 보살, 깨달음, 자비, 지혜를 하나의 흐름으로 파악할 수 있게 하였다. 『금강경』이 설하는 언어의 세계와 보살의 길을 바르게 이해하는 방법을 제시한다.

이중표 역해 | 400쪽 | 28,000원

### 불교란 무엇인가

초기불교와 대승불교를 아우르는 세밀한 구성과 신앙적 측면까지 고려해 저술된 불교개론서이다. 현대인들이 느끼는 불교에 관한 궁금증에 답해주고, 불교를 이해하는 데 도움을 주는 최고의 '불교 안내서'이다.

이중표 지음 | 358쪽 | 16,000원

### 붓다의 철학

한국 불교학의 살아 있는 고전『아함의 중도체계』를 27년 만에 새롭게 개정 증보하여 발간했다. 이 책은 붓다가 깨닫고 증명한 진리 안에서 철학이 추구하는 인식론·존재론·가치론이 어떻게 논의되고 있는지, 그리고 그 문제에 대한 해답을 철학적으로 해석해 입증한다.

이중표 지음 | 462쪽 | 27,000원

### 붓다가 깨달은 연기법

붓다가 깨달은 진리가 '연기법'이라는 사실에는 이론의 여지가 없다. 이 책은 붓다가 어떻게 연기법의 사유를 할 수 있었고, 이를 통해 4성제라는 진리에 도달할 수 있었는지 구체적인 방법을 알려준다.

이중표 지음 | 384쪽 | 20,000원

### 근본불교

『아함경』과『니까야』를 통해 중도·연기·열반 등의 핵심 교리를 왜곡 없이 붓다의 원음으로 통찰하고, 중관·유식·화엄 등의 대표적인 대승 사상이 근본불교와 같은 맥락임을 밝혔다.

이중표 지음 | 294쪽 | 17,000원

### 붓다의 연기법과 인공지능

역자인 이중표 명예교수가 극찬한 생태철학자 조애너 메이시는 불교와 일반시스템 이론의 사상체계를 연구하면서 상호인과율과 무아(無我)라는 공통적인 관점을 밝혀냈다. 생명·생태·윤리 문제의 해결책을 명쾌하게 제시한다.

조애너 메이시 지음 | 이중표 옮김 | 432쪽 | 22,000원

### 불교와 양자역학

양자역학과 공(空) 사상은 '무아'로 일치한다는 공통점을 과학적 근거와 세밀한 불교 교리로 녹여 하나로 융합시켰다. 과학과 종교의 지식이 지혜로 변화하고, 그 지혜는 자비와 사랑으로 귀결할 수밖에 없음을 보여준다.

빅 맨스필드 지음 | 이중표 옮김 | 312쪽 | 20,000원

## 이중표

전남대학교 철학과를 졸업한 뒤 동국대학교 대학원에서
불교학 석·박사 학위를 취득했다. 이후 전남대학교 철학과 교수로 재직했으며,
정년 후 동 대학교 철학과 명예교수로 위촉됐다. 호남불교문화연구소 소장,
범한철학회 회장, 불교학연구회 회장을 역임했으며,
현재 불교 신행 단체인 '붓다나라'를 설립하여 포교와 교육에 힘쓰고 있다.
저서로는『정선 디가 니까야』,『정선 맛지마 니까야』,『정선 쌍윳따 니까야』,
『정선 앙굿따라 니까야』,『담마빠다』,『숫따니빠따』,
『붓다의 철학』,『니까야로 읽는 금강경』,『니까야로 읽는 반야심경』,
『불교란 무엇인가』,『붓다가 깨달은 연기법』,『근본불교』,『현대와 불교사상』외
여러 책이 있으며, 역서로『붓다의 연기법과 인공지능』,『불교와 양자역학』등이 있다.

법구경
깨달음의 노래

# 담마빠다

**Dhammapada**



2023년 5월 29일 초판 1쇄 발행
2024년 4월 26일 초판 2쇄 발행

역주 이중표
발행인 박상근(至弘) • 편집인 류지호 • 상무이사 김상기 • 편집이사 양동민
책임편집 양민호 • 편집 김재호, 김소영, 최호승, 하다해, 정유리 • 디자인 쿠담디자인
제작 김명환 • 마케팅 김대현, 김선주, 이선호 • 관리 윤정안
콘텐츠국 유권준, 정승채, 김희준
펴낸 곳 불광출판사 (03169) 서울시 종로구 사직로10길 17 인왕빌딩 301호
대표전화 02) 420-3200 편집부 02) 420-3300 팩시밀리 02) 420-3400
출판등록 제300-2009-130호(1979. 10. 10.)

ISBN 979-11-92997-24-7 (02220)

값 25,000원

잘못된 책은 구입하신 서점에서 바꾸어 드립니다.
독자의 의견을 기다립니다. www.bulkwang.co.kr
불광출판사는 (주)불광미디어의 단행본 브랜드입니다.